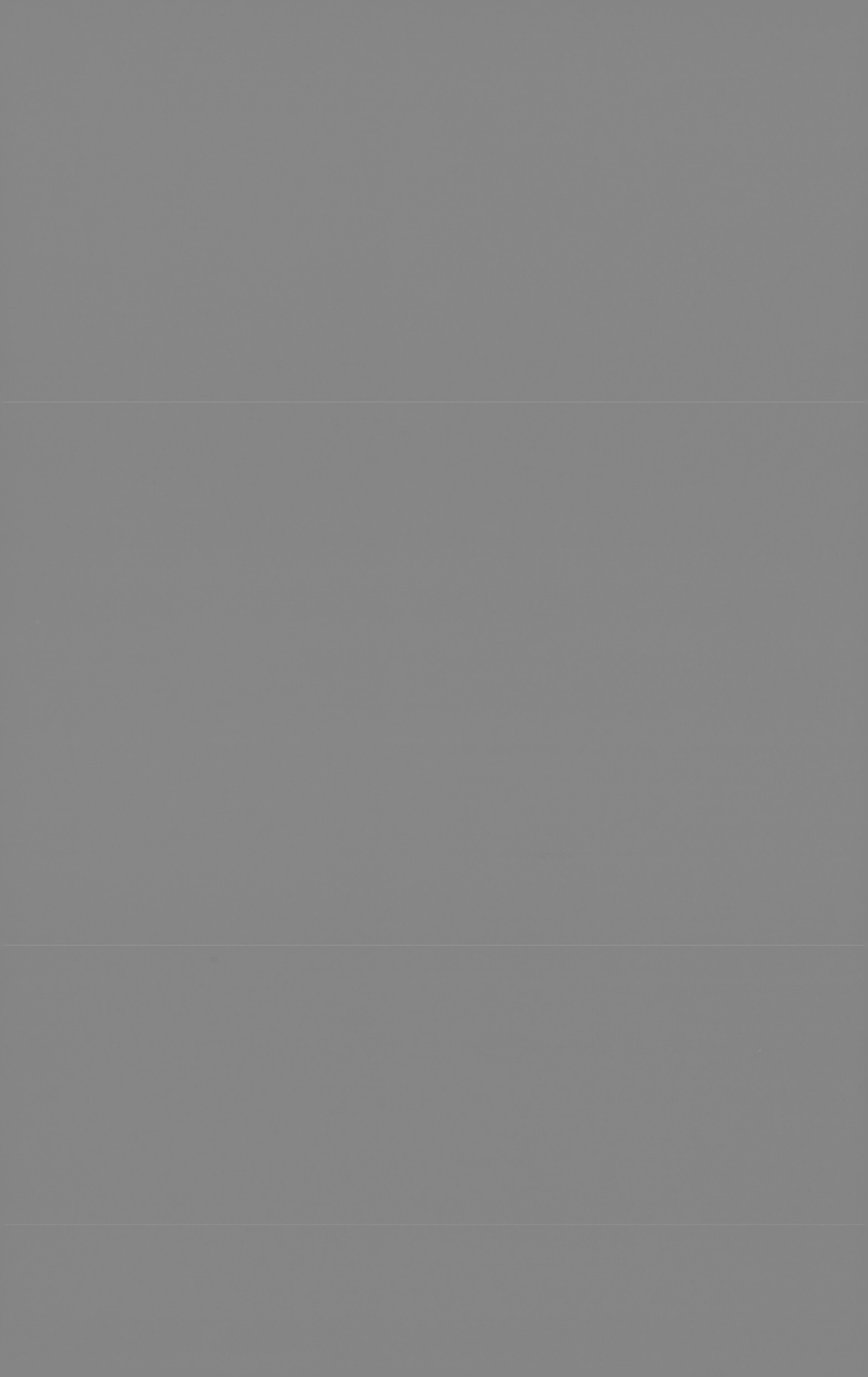

서른셋
태봉씨,
출세를
향해 뛰다!

살아가는 힘이 되는 책, **흐름출판**
막히지 않고 두루 소통하는 삶의 이치를 책 속에 담겠습니다.

서른셋 태봉씨,
출세를 향해 뛰다

초판 1쇄 발행 · 2009년 8월 24일
초판 2쇄 발행 · 2009년 8월 25일

지은이 공병호 · 김현수
펴낸이 유정연 **펴낸곳** 흐름출판

기획편집 김미란 김은영 하선정 **디자인** 박원석 손은숙
마케팅 유민우 이유섭 김양희 전민지 **제작** 문경아 **경영지원** 박승남
인쇄/제본 (주)현문

출판등록 제313-2003-199호(2003년 5월 28일) **등록일자** 2003년 5월 28일
주소 서울시 마포구 서교동 464-41번지 미진빌딩 3층(121-841) **전화** (02)325-4944 **팩스** (02)325-4945
이메일 book@hbooks.co.kr **홈페이지** http://www.hbooks.co.kr **블로그** blog.naver.com/nextwave7
ISBN 978-89-90872-68-5 03320

흐름출판은 독자 여러분의 원고 투고를 기다리고 있습니다. 원고가 있으신 분은 book@hbooks.co.kr로
간단한 개요와 취지, 연락처 등을 보내주세요. 머뭇거리지 말고 문을 두드리세요.

성공의 기회를 발견한 태봉씨의
좌충우돌 직장 성공기

서른셋 태봉씨, 출세를 향해 뛰다!

| 공병호 · 김현수 지음 |

흐름출판

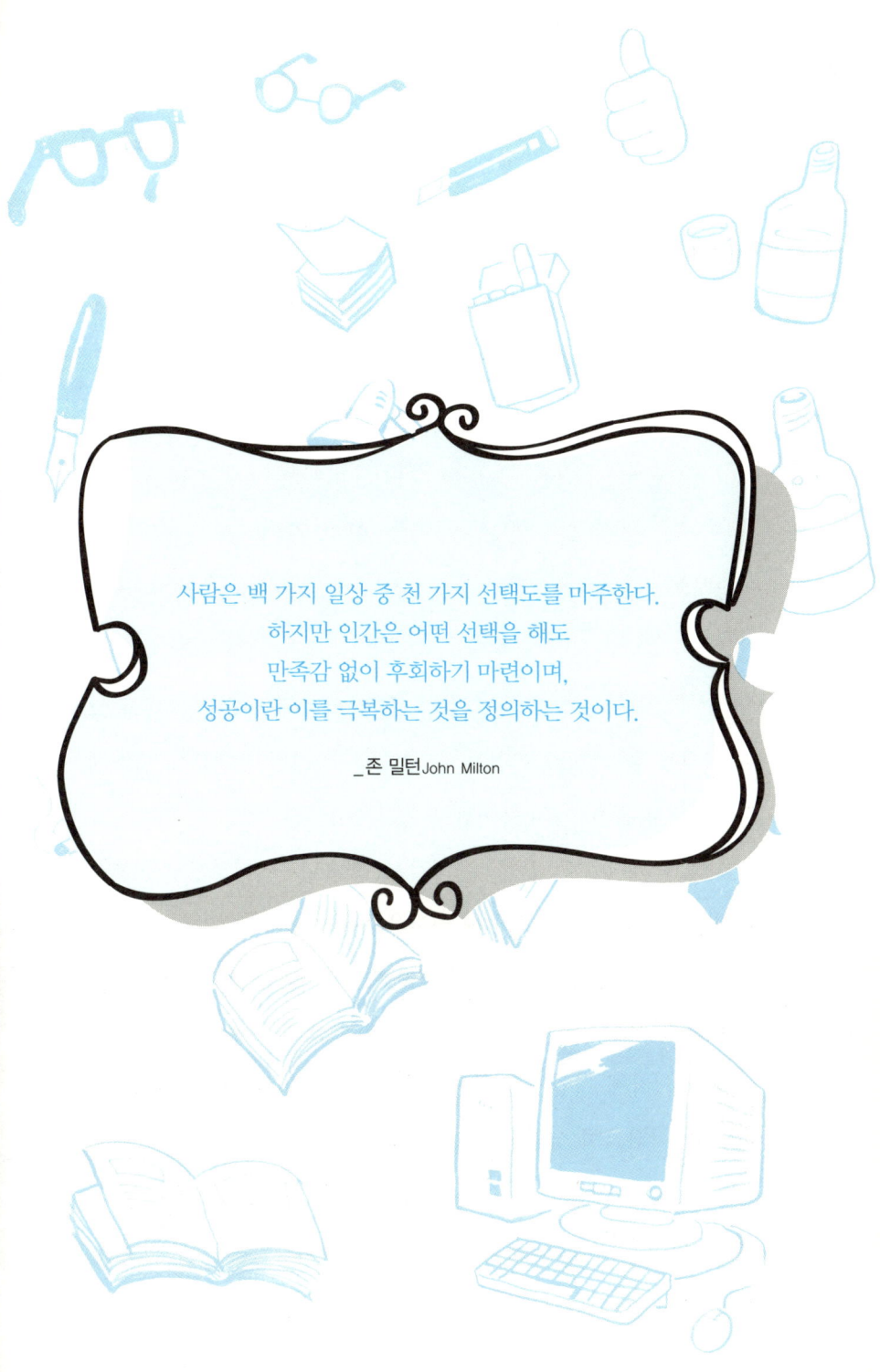

사람은 백 가지 일상 중 천 가지 선택도를 마주한다.
하지만 인간은 어떤 선택을 해도
만족감 없이 후회하기 마련이며,
성공이란 이를 극복하는 것을 정의하는 것이다.

_존 밀턴John Milton

저자의 글 ──

30대 직장생활이 인생을 바꾼다

치열한 승부의 세계에서 최고 자리에 올라선 분들과 함께 식사를 할 기회가 있었다. 흔치 않은 자리였기 때문에 평소에 궁금했던 점을 한 가지 물어보았다.

"어떻게 하면 고위직까지 올라갈 수 있습니까? 치열한 조직에서 부사장까지 올라갈 수 있었던 비결은 무엇입니까?"

서로를 의식해서인지 누구도 선뜻 대답을 하지 않았다. 할 수 없이 내가 먼저 말문을 열었다.

"어느 외자계 기업에서 큰 성과를 낸 한 임원이 '외자계 기업에서 현지 사장으로 성공하는 법'에 대해 기고한 글을 본 적이 있습니다. 첫째, 프레젠테이션을 잘할 것. 둘째, 인사권을 가진 본사 상사와 좋은 관계를 유지할 것. 셋째, 성과가 뛰어날 것. 세 번째는 기준치에 조금 미달하더라도 첫 번째와 두 번째만 우수하면 장수할 수 있다는 요지였습니다.”

내 말이 끝나자 앞에 앉아 있던 분이 이런 이야기를 했다.

“공 박사가 지금 이야기한 부분이 우리에게도 그대로 적용됩니다. 아마 조직생활을 하는 사람들이 고위직에 오르기 위해 갖추어야 할 공통 조건일 것입니다. 저는 한 가지를 더 추가하고 싶습니다. 우리 조직에서는 A라는 사람에 대해 이야기할 때 ‘아, 그 사람’이라고 할 정도로 ‘그 무엇’이 인사권자들의 머릿속에 떠올라야 한다고 봅니다.”

그 분의 이야기를 한 문장으로 요약하면, 사람들의 입에 빈번히 오르내릴 수 있을 정도로 크고 작은 ‘신화’를 많이 기록하는 것이 중요하다. 내 경험도 이와 크게 다르지 않다. 설렁설렁, 대충대충, 편하게 지내는 사람은 이런 기록을 만들어내기 힘들다.

조직생활을 할 때 누구나 이런 선택을 한 번 정도 해야 할 것 같다. ‘적당히 하면서 적당히 승진하는 길을 택할 것인가, 아니면 보상이 부족하다고 느끼더라도 치열하게 일해서 자기 나름의 신화를 만들어내고 이후를 기약할 것인가.’

안타깝게도 이제 조직에서 적당히 승진하는 길이란 없다. 날이 갈수록 조직 내부의 경쟁이 치열하다보니 심지어 능력이 있어도 배제당할 수 있다. 지금 우리에게 필요한 것은 세상의 현실을 냉혹하게 직시하는 것이다.

"야근한다고 해서 달라지는 게 뭔데요?" "그냥 적당히 다니다 말래요." "받은 것만큼 일하면 되지 왜 열심히 해야 합니까?" 직장인들과 대화를 나누다보면 흔히 듣는 말이다.

이런 말을 들을 때마다 나는 직장 초년 시절을 떠올리게 된다. 그때도 "열심히 한다고 해서 달라지는 게 있어?" 이런 생각으로 직장생활을 한 동료들이 많았다. 세월이 흐른 뒤 그렇게 대충 젊은 날을 보낸 사람들이 만난 현실은 가혹하다고 해도 지나치지 않다.

직장생활은 피라미드 구조와 비슷하다. 올라가는 사람은 소수에 불과하다. 피라미드 구조에서 위로 올라가는 사람들은 상대적으로 더 많은 자유와 자원 그리고 기회를 갖게 된다. 반면에 그렇지 못한 사람들은 결국 자의반 타의반 조직에서 밀려나는 상황에 처하고 만다.

직장인들이 회사라는 조직이 어떤 원리로 돌아가고 있는지 몰라 자신의 실력을 십분의 일도 발휘하지 못한 채 회사에서 내쳐지는 것을 보면서, 기회가 된다면 조직의 실상을 가감 없이, 냉정하게 말해주는 책을 써야겠다고 생각했다. 스탠퍼드대학교의 경영대학원에서 30년 동안 조직 내부의 권력에 대한 강의를 맡은 제프리 페퍼 석좌교수의 책 《권력경영》을 접하고 나서 이 생각은 더욱 강해졌다. 직장에서 성공하는 통찰과 전략을 다룬 그 책에서 저자는 우리에게 상식이 반상식이 될 수 있음을 이렇게 이야기하고 있다.

"이 세상에는 열심히 일하고 좋은 실적을 올리기만 하면 성공할 수 있다고 믿는 사람들이 많습니다. 그렇지만 그런 믿음이 언제나 옳은 것은 아닙니다. '좋은 실적'을 정의하는 일 자체가 게임의 규칙을 정하는 다양한 집단과 사람들의 권력에 달렸다는 데서 그 이유를 찾을 수 있습니다."

한마디로 실력이 있다고 해서 모두가 조직에서 출세하는 것은 아니라는 말이다. 조직에서 승진해서 정상으로 나아가는 것은 권력을 쟁취해가는 과정이다. 그런데 대부분 '무조건 열심히 하면 된다' 정도로 생각하고 있다.

제프리 페퍼 교수의 책을 읽으면서 직장 초년 시절에 투쟁했던 일들이 파노라마처럼 흘러갔다. '아, 이런 책을 그때 읽었더라면 훨씬 현명하게 대처할 수 있었을 텐데' 하는 생각을 했다.

사원 입장에서 보는 조직과 CEO 또는 회사 입장에서 보는 조직은 전혀 다르다. 일생의 대부분을 보내는 조직생활을 성공적으로 영위하기 위해서는 도대체 무엇을 알아야 하고, 어떻게 행동해야 할까? 이에 대해 나는 회사 사장으로서, 연구원으로서, 1인 기업가로서 그동안 보고, 듣고, 겪어왔던 현실을 이 책에서 여실히 보여주려고 한다. 진실을 알아야 현재를 제대로 파악하고, 미래에 대해 고민할 수 있다. 이 책을 통해 모든 직장에서 적용되는 '출세의 법칙' 가운데 직장인들이 잘 모르고 있거나, 알아도 그 중요성을 간과하고 있는 것들을 되새길 수 있는 기회를 갖기를 바란다.

그렇다면 출세 혹은 조직에서 성공하는 것은 무엇을 뜻하는 것일까? '삶과 인생을 자유롭게 해주는 것' 이라 정의하고 싶다. 출세하지 않고서도 자유로울 수 있을까? 마음먹기에 따라서 가능한 일일 수 있다. 그러나 조직에서 성공하지 못한 사람은 조직을 떠나서도 크게 성공할 가능성이 낮다. 그런 사람들은 늘 주변부를 맴돌다가 인생의 화려한 날들을 흘려보내고 만다.

'자유로움' 에는 공짜가 없다. 지금 비용을 지불할 수도 있고 나중에 지불할 수도 있지만 언젠가 비용을 지불해야 한다. 나는 그 비용을 직장 초년에 확실히 지불하고 자유로움의 토대를 구축해야 한다는 믿음을 갖고 있다. 실제로 나는 이제까지 그렇게 살아왔고 어느 정도 성과를 거두었다.

우리는 직업인으로 가장 생산적인 시기를 30대에 보내게 된다. 그때 어떤 토대를 구축하느냐에 따라 이후의 인생 모습은 크게 달라진다. 당신이 가장 많은 시간을 투자하는 조직생활에서 성과와 재미를 만들어낼 수 없는데 어떻게 성공한 인생을 살 수 있겠는가? 일단은 조직에서 성공해야 한다. 그래야 훗날 자기 일을 전개할 때도 성공할 가능성이 높다. 조직에서 작은 성공이라도 자신의 손으로 직접 이룬 적이 있는 사람이 큰 성공도 맛볼 수 있다.

이 책은 조직에서 성공하기 위해 무엇을 어떻게 해야 하는가를 다루고 있다. 실력을 쌓는 것은 기본이고 그 외에 어떤 것들이 조직에서 입신하는 데 필수적인가를 찬찬히 다루고 있다.

성공하는 데 있어 열심히 하는 것은 기본이다. 여기에 필수 조건인 '알파'가 더해져야 한다. 알파에 전략적으로 접근해야 비로소 성공으로 가는 열쇠를 손에 쥐게 되는 것이다. 이제 독자 여러분 앞에 그 알파가 모습을 드러낼 것이다.

조직에서 성공하기를 간절히 소망하거나 그 소망을 이루기 위해 열심히 노력하는 직장인들이 이 책을 읽었으면 좋겠다. 대한민국 직장의 현주소를 가장 잘 보여주고 있는 이 책이 독자들의 앞길을 환히 밝혀주는 달빛이 되기를 간절히 바란다.

마지막으로, 불쑥 내놓은 아이디어가 책으로 탄생되도록 적극적으로 도와준 흐름출판 김미란 팀장에게 감사한다. 무엇보다도 쉽지 않은 공동 작업을 열정적으로 진행해준 김현수 작가에게 결실의 공을 돌리고 싶다.

이 책은 소설 형식으로 쓴 필자의 첫 번째 책이며, 앞으로도 이같은 실험정신을 계속 발휘해볼 작정이다. 아무쪼록 독자 여러분의 출세에 큰 도움이 되기를 기대한다.

2009년 8월 공병호

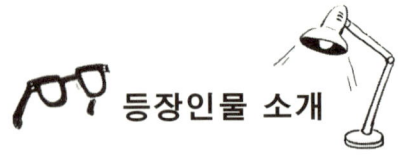

등장인물 소개

● 서태봉

스타그룹 영업1팀에서 근무하는 서른세 살의 허당 대리. 똘똘하게 생긴 외모와 달리 일을 맡기면 나름대로 '열심히' 하지만 왠지 모르게 엉성하다. 월급만 밀리지 않으면 된다고 생각하던 그는 입사 동기가 먼저 과장으로 진급하자 자신 안에 숨어 있던 성공 본능을 깨닫게 된다. 우연히 만년차장인 서 차장과 만나면서 출세의 비밀을 하나씩 알아 간다.

● 서 차장

만년차장으로 정리해고 1순위. 자신이 30대에 성공과 정반대의 길을 선택한 것이 안타까워 무기력한 30대를 보면 그냥 지나치지 못한다. 그는 꿈을 잃은 서른셋 서태봉을 만나 출세 비밀은 물론 삶의 태도까지 코치해주며 서태봉의 인생에 커다란 변화를 몰고 온다.

● 김치국

스타그룹 영업1팀 팀장. 운동선수 출신답게 탁월한 승부욕의 소유자. 지난 스타그룹의 중동지역 진출에 결정적인 역할을 했다. 그의 도전적이고 전투적인 성격을 '정열적'이라고 평가하는 사람들도 있지만 무례하고 싸가지 없다고 느끼는 사람이 더 많다. 서태봉의 일취월장 변화에 신경을 곤두세운다.

● 한지애

스타그룹 재무과장. 입사 3년 후배이자 동갑인 서태봉과 결혼했다. 입사 동기 중 유일하게 여성으로 과장 승진을 했으며 회사 내에서 능력을 인정받는 커리어우먼. 사람의 마음을 얻는 데 탁월한 능력을 지닌 그녀는 그 능력을 가정생활에서 십분발휘한다. 직장생활에 답답함을 느끼는 남편을 물심양면으로 돕는 든든한 지원군이다.

● 진준혁

평사원에서 스타그룹의 상무이사가 된 전설적인 인물이자 직원들의 롤모델. 학벌, 인맥, 집안 등 특별한 배경 없이 자신의 실력만으로 상무자리에 올랐다. 실력도 뛰어나지만 특히 사람의 마음을 얻는 데 탁월한 능력을 지니고 있다.

● 강남철

스타그룹 영업부장 출신으로 현재 안산영업소 소장. 잘난 척이 심한 그는 상사들과의 관계에서 실패해 본사에서 좌천되었다. 입사 동기인 진준혁 이사의 성공이 '아부'를 통해서 이루어졌다고 생각하는 인물.

차 례

제 1 장

허당 태봉, 성공 본능을 발견하다

제 2 장

허당 태봉,
출세로 이끄는 마법의 알파를 찾아라

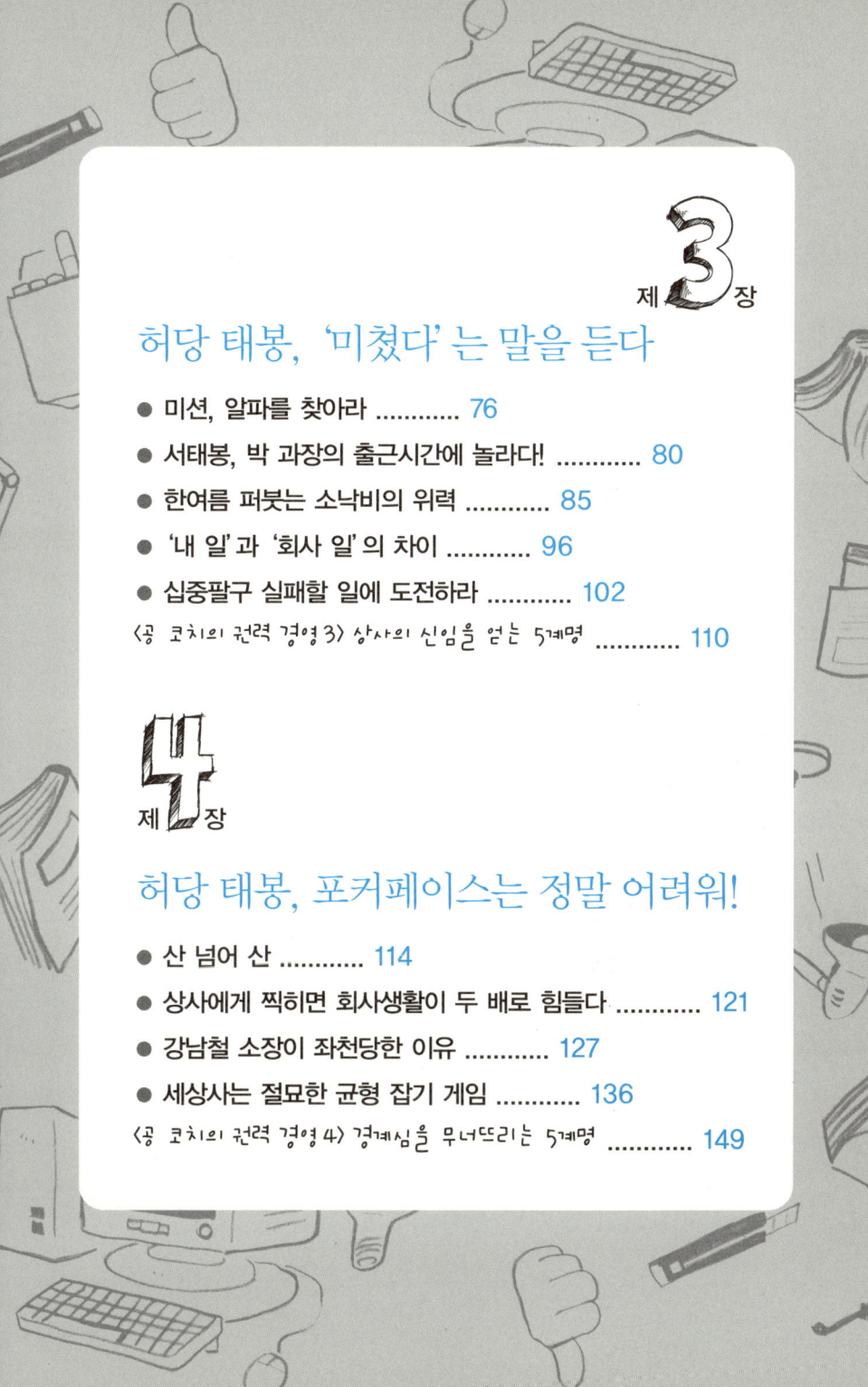

제 5 장

허당 태봉, 상사에게 공을 돌리다

제 6 장

허당 태봉, 실용지능에 눈을 뜨다

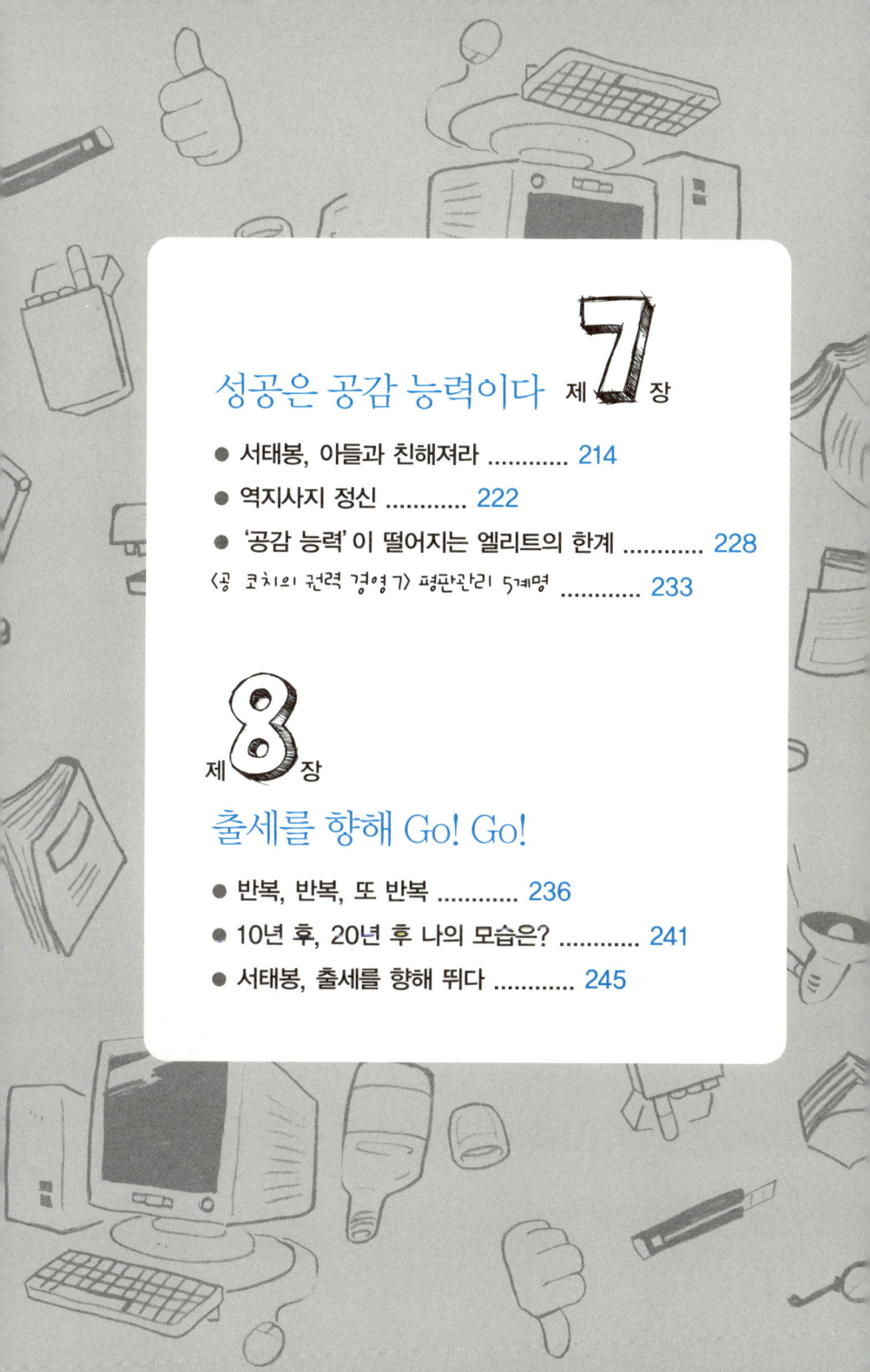

허당 태봉,
성공 본능을 발견하다

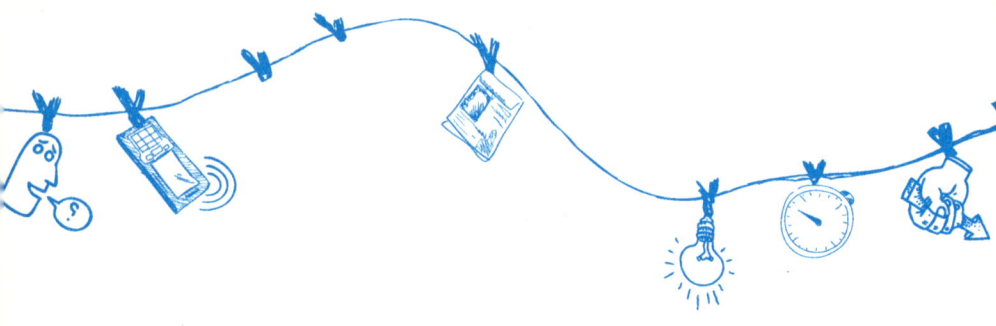

입사 동기의
승진 축하 회식

"승진, 축하한다!"

태봉은 아직 술 한 잔도 입에 대지 않았지만 입안이 썼다. 입사 동기의 과장 승진을 축하하는 회식자리는 불편하기만 했다. 표정 관리를 하려고 아무리 애를 써도 마음대로 되지 않았다. 소주를 입안에 털어 넣으면서 짙은 눈썹으로 여덟팔자를 그리며 마음 놓고 인상을 구겼다. 술이 무척 쓰다는 듯이.

주위에 아무도 없다면 꺼이꺼이 소리 내어 울고 싶을 만큼 서글펐다. 똑같이 입사해서, 똑같은 월급 받고, 똑같이 일을 했는데, 누구는 과장으로 진급하고 누구는 축하인사를 건네야

20

하다니! 이런 상황에서 어느 누군들 심정이 복잡하지 않으랴.

"서태봉 대리님, 박 대리님하고 입사 동긴데, 배 아프지 않으세요?"

입사 후배긴 하지만 나이와 학번이 같은 장영민이 옆자리에 앉으면서 술잔을 내밀었다. 기름기가 번들거리는 코에 아슬아슬하게 걸려 있는 두꺼운 금테안경 너머로 마치 모든 것을 알고 있다는 듯 눈웃음을 짓고 있었다.

'얄미운 자식, 그걸 말이라고…' 튀어 나오려는 말을 얼른 누르고 호기를 부렸다.

"야, 임마! 어차피 입사하고 시간 지나면 군대 짬밥 쌓이듯 진급하는 거잖냐!"

태봉은 넉살좋게 웃어보였다. 하지만 태봉의 두껍고 굵은 눈썹은 여전히 여덟팔자를 그리고 있었다. 그리고 항변이라도 하듯 한마디를 덧붙였다.

"과장 계급장 빨리 달아봐야 윗사람들 눈치봐야지, 부하직원들 눈치봐야지, 머리만 아프다. 그 골치 아픈 걸 빨리 하려고 간쓸개 다 내주고 손바닥 비벼가며 아등바등할 필요 있냐?"

말은 이렇게 했지만 태봉은 알고 있었다. 회사 시계와 국방부 시계가 같을 리 없다는 것을. 세상에 어느 정신 나간 회사가 회사 밥 많이 먹었다고 대리로, 과장으로 진급시켜준단 말인가.

태봉의 한마디는 회식자리에 찬물을 끼얹었다. 일순간 따가운 시선이 날아와 꽂혔다. 승진 당사자인 박범수는 언제나처럼 사람 좋은 웃음을 지어보였다. 하지만 다른 사람들은 더 이상 태봉에게 말을 걸지 않았다.

치열한 경쟁에서 승리를 쟁취한 이를 축하하고, 그 사람처럼 되고 싶어하는 사람들이 모인 자리에서 그 경쟁을 무의미한 것으로 단정 짓는 태봉의 말은 사람들을 불편하게 만들었다. 그러니 다들 태봉을 불청객으로 여길 수밖에 없었다. 옆자리에 앉아 말을 걸던 장영민 역시 멋쩍은 웃음을 지으며 황급히 자리에서 일어나 다른 테이블로 자리를 옮겼다.

태봉은 처음부터 이 자리에 오고 싶지 않았다. 하지만 소인배라는 말을 듣기 싫어서 억지로 참석했다. 그 순간 태봉은 넓은 술집 안에 있는 많은 사람들 사이에서 홀로 남겨진 섬이었다. 그는 아무도 따라주지 않는 잔에 술을 채워 목으로 넘겼다. 알싸한 알코올이 목을 훑으며 내려갈 때마다 후끈한 열기로 인해 얼굴이 붉어졌다.

하지만 단순히 술기운 탓에 얼굴이 붉어진 것만은 아니었다. 태봉은 동기들 중 가장 먼저 과장으로 진급한 박범수에 대한 시기와 질투를 숨기기 위해 회식자리에 참석해 쿨한 모습을 보여주려 했다.

'차라리 오지 말 걸….'

왜 쓸데없는 치기를 부려 여기까지 왔는지 후회막급이었다. 기왕에 참석했으면 끝까지 쿨한 태도를 잃지 않았어야 했다. 그런데 그만 쓸데없는 말을 한마디 내뱉는 바람에 안 온 것만 못한 결과가 되고 말았다.

게다가 많은 사람들에게 둘러싸여 축하인사를 받는 박범수의 호탕한 웃음소리가 자신을 향한 비웃음으로 느껴지기까지 했다. 감추어두었던 시기심이 스멀스멀 고개를 내밀기 시작했다. 더 이상 자리에 앉아 있을 수가 없었다.

태봉은 술병에 남은 술을 따라 입안에 털어 넣은 뒤 묵묵히 자리에서 일어났다. 아무도 그에게 관심을 가져주지 않았다. 태봉은 와자지껄 떠드는 소리를 뒤로한 채 술집을 나섰다. 회사 동료들의 웃음소리가 마치 비웃음처럼 들려왔다.

문득 쇼윈도에 비친 자신의 까칠한 얼굴이 무척 낯설게 보였다. 숱 많은 곱슬머리에 각진 얼굴, 구부정한 어깨, 자신감이라고는 찾아볼 수 없는 나약한 표정. 이 사내는 지금 어디에 서 있는가? 정체는 무엇인가?

패배자의 모습이었다. 패배자…. 무엇에 패배한 것인가. 학벌인가, 실력인가.

태봉이나 승진한 박범수나 대단한 명문대 출신은 아니었다.

실력이라면 더욱 수긍할 수가 없었다. 태봉이 알고 있기로 박범수는 토익 점수나 학점이 태봉보다 높지 않았다. 게다가 태봉은 새벽마다 학원을 다닌 덕에 영어회화 실력이 중급 이상은 된다고 자부하지 않았던가.

그렇다면 도대체 뭔가? 무엇이 태봉과 박범수의 차이를 벌여놓은 것인가?

태봉은 발걸음을 옮길 때마다 같은 말을 되뇌었다. 버스 정류장 몇 개를 그대로 지나쳐가면서까지 끈질기게 이 질문에 매달렸다. 그 결과 한 가지 결론을 도출해낼 수 있었다.

태봉은 걸음을 멈추고 눈살을 찌푸렸다. 입사 후 얼마 되지 않았을 때 동기들끼리 술을 마시며 나눈 얘기가 떠올랐다. 박범수의 아버지가 회사 이사 중 한 명과 친분이 있다는 얘기를 얼핏 들은 기억이 났다. 그 인맥 덕분에 박범수는 태봉을 제치고 과장으로 진급했을 것이다.

'그럼 그렇지. 학벌에서도 실력에서도 나보다 뛰어난 게 없는 친구가 나보다 먼저 진급한 이유가 그것 말고 뭐가 있겠어?'

순간, 속이 울렁거렸다. 자기를 제치고 승진한 동기에 대한 시기와 질투, 패배감이 한데 뒤엉키면서 속이 매스꺼웠다. 살맛이 나지 않았다. 어차피 실력보다는 학벌, 학벌보다는 재산이나 집안, 인맥이 없이는 성공할 수 없는 게 세상 이치가 아

니던가. 기댈 곳 하나 없는 자신의 처지가 한없이 원망스러웠
다. 부모 잘 만나는 것도 실력이라고 했던가.

"젠장…."

집으로 향하는 그의 발걸음은 무겁기만 했다.

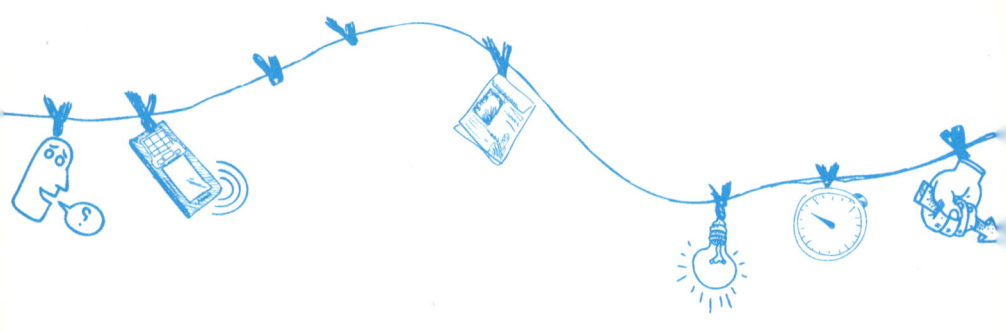

내가 왜 승진에서
누락된 거야?

"너무 실망하지 마."

아내 한지애가 미소를 지으며 위로를 했다. 태봉은 말없이 쓴웃음만 지었다. 아내가 같은 회사에 다니기 때문에 이번에 누가 승진했는지 모를 리 없다고 생각했다. 아무리 그래도 그렇지, 집에 도착하자마자 위로의 말이라니. 차라리 오늘만은 모르는 척 넘어가주길 바랐는데….

만일 같은 회사에 근무하지 않았다면 아내가 이런 일까지 알 수는 없을 것이다. 물론 태봉도 이런 일을 말하지 않았을 것이다.

태봉은 아내가 출산 후에 회사를 그만두길 바랐다. 남편보다 잘나가는 아내가 내심 부담스러웠다. 다른 사람들이 '서태봉, 결혼 하나는 잘했어!' 라고 말하는 소리도 듣기 싫었다.

태봉은 아내에게 슈퍼우먼 콤플렉스가 있다고 생각했다. 아내는 결혼 전보다 결혼 후에 직장생활을 더 열심히 해야 한다고 믿고 있었다. 일뿐만 아니라 주부와 엄마 역할까지 성공적으로 해내야 한다고 여겼다. 아내는 실제로 슈퍼우먼으로 살고 있었다.

장모님이 함께 지내고 계셨지만 아내는 특별한 일이 없는 한 직접 저녁식사를 준비했다. 아이가 내일 먹을 간식까지 일일이 챙겼다.

회사에서 아내는 재무부서 과장이었다. 태봉보다 입사 3년 선배인 아내는 입사 동기들 중 유일하게 여성으로서 과장 진급에 성공한 케이스였다.

아들 한결이를 낳았을 때도 산후조리보다는 회사 복귀를 위한 몸만들기에 여념이 없을 성도로 열심히 노력했다. 때문에 여직원들 사이에서는 여성 직원 중 평사원 출신으로 이사 진급이 가능한 후보로 꼽히고 있었다.

그런 아내가 진급 누락을 위로하고 있다.

"한결이는?"

태봉은 더 이상 아내의 위로가 필요치 않다는 듯 말을 돌렸다.

"벌써 잠들었지. 한참 아빠 찾다가 지쳐서 잠들었어. 지금 할머니랑 자고 있어."

"담배 한 대 피우고 올게."

태봉은 슬리퍼를 끌고 옥상으로 향했다.

"오늘 하루는 봐줄게!"

과장된 밝은 목소리. 평소 금연하라며 잔소리를 늘어놓던 아내가 다른 반응을 보였다. 축 늘어진 어깨로 현관문을 나서는 남편의 뒷모습 때문이리라.

남편이라는 존재는 든든한 버팀목이 되어야 한다고 태봉은 믿고 있었다. 그런 책임감을 갖고 있었기에 현실이 더 비참하게 느껴졌다.

"후!"

허공으로 흩어지는 담배연기를 바라보는 태봉의 마음은 답답하기만 했다. 진급에서 누락된 일 때문만은 아니었다. 회사 생활을 시작했으니 위를 향해 올라가야 하는데 현실은 냉혹하기만 했다.

선배들이 술자리에서 항상 하던 말이 떠올랐다. 열심히 한다고 성공할 수 있는 건 아니다, 그것만으로는 안 된다, 돈이 많던가, 학벌이 좋던가, 집안이 좋던가 아니면 든든한 인맥이라도 있어야 한다 ….

믿지 않았다. 하지만 결국 이번 진급에서 누락되면서 그런 말이 사실임을 뼈저리게 느꼈다. 어쩌면 아내에게 부담만 주는 무능력한 남편으로 전락할지도 모른다는 생각까지 들었다.

아내는 소위 명문대 출신이었다. 겉으로 드러나는 능력 또한 남편보다 월등히 나았다. 딱히 회사에서 영어를 사용하진 않지만 아내는 외국인과 만나면 업무에 관한 의사소통이 가능할 정도로 영어에 능통했다. 게다가 기업회계와 세무회계 자격증까지 갖추고 있으니 금상첨화였다.

학벌과 능력을 갖추고 있는 아내와 비교해서 너무나 떨어지는 자신이 초라하게만 느껴졌다. 어떻게 살아야 하나. 앞으로의 삶이 막막하게만 느껴졌다. 시간이 지날수록 자기를 제치고 진급한 박범수가 미워졌다. 내가 진급했으면 얼마나 좋았을까….

박범수에 대한 질투와 시기심으로 속이 부글부글 끓었다. 어차피 따지고 보면 박범수가 피해를 준 것도 아니었다. 박범수가 아니더라도 태봉보다 조건이 좋은 누군가가 그 자리를 차지했을 것이다. 어차피 현실은 그런 게 아니던가.

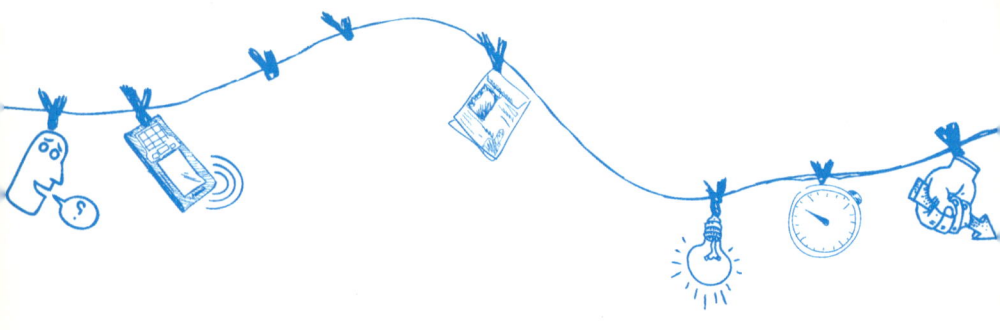

서 차장과의
기막힌 인연

그때였다.

"이런, 먼저 온 손님이 있었군."

낯선 음성의 주인공은 50대 중반의 사내였다. 아마 이 아파트에 사는 사람이리라. 태봉은 대수롭지 않게 생각했다. 어차피 수많은 사람이 모여 사는 아파트라는 특성상 얼굴 한 번 보지 못한 이웃이 있게 마련이니까.

사내는 익숙한 듯 환기통 난간에 들고 있던 검은 비닐봉지를 내려놓고 안에서 소주병과 종이컵을 꺼냈다.

"한잔하려나?"

사내는 태봉에게 종이컵을 내밀었다. 평소 같으면 낯선 이와 한자리에 있는 게 어색해서 서둘러 옥상을 벗어나려고 했겠지만, 그날은 술기운 탓인지 술잔을 받아들었다.

"혼자 마시기 적적했는데 잘됐군. 고마우이."

사내는 태봉을 향해 미소를 지어보였다. 태봉은 그 미소가 왠지 편안하게 느껴졌다. 며칠이나 머리를 감지 않았는지 곱슬기 많은 머리카락이 제멋대로 뭉쳐 있었다. 여덟팔자를 그리고 있는 굵은 눈썹과 각진 얼굴을 보고 있자니 10~20년 뒤 자신의 모습이 아닐까 하는 친숙함마저 느끼게 되었다.

"어르신, 여기 자주 올라오십니까?"

"어르신은 무슨 …. 늙은이 취급하는구먼. 서 차장이라고 부르게. 너무 오랫동안 그렇게 불려서 이젠 내 이름보단 그 호칭이 더 익숙하다네."

스스로를 서 차장이라고 소개한 사내의 얼굴은 어딘지 쓸쓸해 보였다.

"가끔 세상 살기 힘들 때 혼자 와서 한잔씩 한다네."

"쌓인 게 많은가 봅니다."

"사는 게 다 그런 게지."

서 차장은 잔 가득 담긴 소주를 한입에 털어 넣으며 인상을 찡그렸다.

"성공하지 못하면, 피곤한 인생이 되는 걸세."

"성공하려고 아등바등하며 사는 것도 피곤하긴 마찬가지일 겁니다."

"그래서 자넨 성공할 필요가 없다고 생각하나?"

어느새 서 차장이 태봉을 부르는 호칭은 '자네'로 바뀌어 있었다. 태봉은 신경 쓰지 않았다.

"성공이란 게 쉬운 일이 아니잖습니까. 배경도 조건도 안 되는 인간이 아등바등 기를 써본들 성공할 수 있는 것도 아니고요. 다람쥐가 쳇바퀴 열심히 돌린다고 달라지는 거 있습니까. 옛날부터 왕후장상의 씨는 따로 있다더니, 어른들 말씀 하나도 그른 게 없더라고요. 전 이제부터 즐기면서 살아보렵니다."

술기운 탓인지 태봉은 처음 보는 사람에게 솔직하게 대답했다. 어차피 누가 봐도 내세울 거 하나 없는 인생이지 않은가. 굳게 닫혀 있는 성공의 문을 열려고 애쓰느니 차라리 인생을 즐기면서 살아가는 것도 나쁘지 않을 것 같았다.

"나도 젊었을 때 그렇게 생각했다네."

서 차장은 빈 술잔을 내밀며 말을 이어갔다.

"그렇게 살아온 결과가 정리해고 1순위의 만년차장이라면 내 기분이 어떨 것 같나?"

"……"

태봉은 말없이 그가 내민 잔에 술을 따랐다.

"학벌에 밀리고, 집안에 밀려 일찌감치 성공이라는 건 남의 일이라고 생각했다네. 그렇게 생각하자 오히려 마음이 편했지. 상사들에게 아부할 필요도 없었고, 회사 사람들을 내 편으로 만들 생각도 하지 않았지. 승진에 목매달고 있는 동기들을 한심하게 바라보면서 왠지 우쭐한 기분마저 느낄 정도였으니까."

"예에…."

태봉은 마치 자기 속을 들여다본 것처럼 말하는 서 차장의 말에 고개를 끄덕였다.

"입사 동기 중에 상무이사가 된 친구도 있다네."

서 차장은 씁쓸한 표정을 지었다.

"동기는 그렇다 쳐도 후배들마저 나를 추월하고 상사가 되는 꼴을 보고 있자니 배알이 꼴리더구먼. 하지만 어쩌겠나. 큰소리 탕탕 치면서 사표 던질 입장도 아닌 것을. 가뜩이나 경기도 좋지 않은데 아무리 아니꼬워도 참아야지. 가족들을 굶길 수는 없잖나."

태봉은 서 차장의 말을 들으며 술잔을 들이켰다. 입안으로 퍼지는 알싸한 알코올 기운에 절로 인상이 찡그려졌다.

"한 잔 더 주십시오."

태봉은 서 차장을 향해 빈 술잔을 내밀었다. 어느새 이 낯선 중년 남자에 대한 경계심이 허물어지고 있었다. 어쩌면 오늘 처음 만난 이 남자의 넋두리가 자기 얘기가 될지도 모른다는 예감이 들었기 때문인지도 몰랐다.

"자네도 뭔가 쌓인 게 많은 모양이구먼."

태봉을 바라보는 서 차장의 눈빛은 기대에 차 있었다. 정리 해고 1순위의 만년차장이라는 내 비밀을 말해주었으니, 너도 솔직히 털어놔야 한다고 강요하는 것 같았다.

"이번에 진급대상이었는데, 누락됐습니다. 그런데 그게 말입니다, 내 참 더러워서 못해먹겠습니다."

"뭐가 말인가?"

"저보다 능력이 월등하게 뛰어난 사람이라면 충분히 인정하겠습니다. 저보다 학벌이 대단히 좋다면 그것도 수긍하겠다이겁니다. 도저히 이해가 안 갑니다. 저도 진급할 만큼 능력이 있고, 열심히 일했습니다. 그런데 인맥에서 밀렸습니다. 그놈의 인맥 말입니다!"

태봉은 스스로도 놀랄 정도로 덤덤하게 입을 열었다. 낯선 사람에게 자신의 속내를 털어 놓는다는 건 마치 성당에서 사제에게 고해성사를 드리는 것과 같다는 생각이 들었다. 주위 사람들에게 전해질 염려가 없으니까 말이다.

"이제부터 능력을 키우면 뭐하겠습니까. 열심히 일한들 뭐 하겠습니까. 다 부질없는 짓인 거 같습니다."

태봉의 음성이 점점 높아졌다. 긴 시간 동안 자기 얘기를 털어놓으면서 한두 잔 받아 마신 술이 과했던 모양이다. 몸을 가누기조차 힘들 정도였다.

"그런데 말입니다, 어차피 그놈이 아니었더라도 다른 잘난 놈이 차지할 자린데도 화가 나서 미치겠다 이겁니다. 왜 이렇게 속이 쓰리고 열 받는지 모르겠습니다."

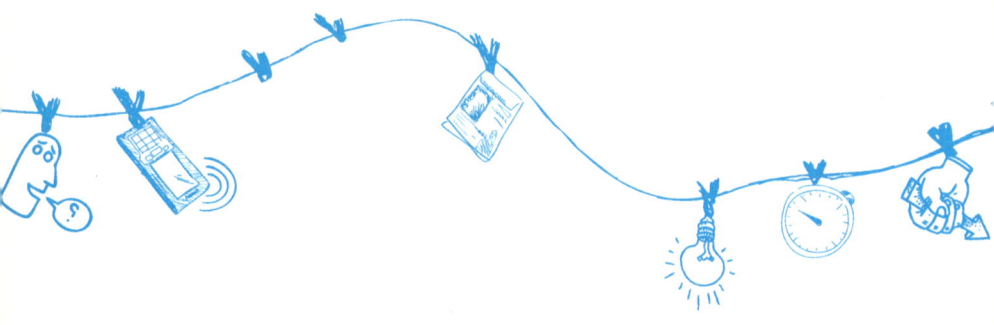

'성공 본능' 과
'생존 본능' 의 관계를 알다

"그게 본능이지."

서 차장은 담담하게 말했다.

"본래 사람에게는 누군가에게 인정받고 싶은 욕구가 있다
네. 세계적 정치학자인 후쿠야마는 역사가 발전하는 이유를
인정받고 싶은 욕구 때문이라고 하더군. 젊었을 때라면 나도
이 말을 이해하지 못했을 걸세."

"그럼 제가 잘못된 게 아니라는 말씀입니까?"

"물론이지. 질투나 시기심은 인간의 본성이니까."

"하지만 다 부질없는 거 아닙니까. 제가 가진 게 뭐가 있습니까? 어차피 제 것이 될 게 아닌 걸 빼앗겼다고 해서 질투나 시기하는 건 부질없는 짓입니다."

"그래서 성공하지 않겠다는 건가?"

"오르지 못할 나무는 쳐다보지도 말라고 했습니다."

태봉의 음성은 단호했다. 회식자리에서부터 엉킨 실타래처럼 복잡했던 머리가 맑아지는 것 같았다. 어차피 성공할 수 없는 현실을 받아들이니 오히려 마음이 편해졌다. 서 차장은 조용히 타이르듯 말했다.

"그렇게 단정적으로 이야기해선 안 되네. 인생은 자네가 생각하는 것보다 길거든. 그 길고 긴 인생을 성공에서 멀어진 사람으로 살아가는 게 얼마나 비참하고 불편한 일인지 짐작이나 하겠나?"

이내 서 차장은 단호하고 냉정하게 물었다.

"그런데 그 친구가 자네를 제치고 진급한 이유가 오로지 인맥 때문이라고 생각하나?"

"저 이래봬도 그 친구한테 딸리는 거 아무것도 없습니다. 알고 보면 업무처리 능력도 있는 놈입니다. 물론 가끔 생긴 거랑 다르게 크고 작은 사고를 친다고 '허당'이라고 불리지만요. 다 열심히 하려고 하다보니 그런 겁니다. 그래도 회식자리에서 저만큼 분위기 띄우는 사람 없습니다. 회의 때도 제가 아이디어 내면 모두들 기발하다고 난리예요."

태봉은 얼굴을 붉히며 따지듯 말했다.

"그건 자기합리화이자 핑계라네."

서 차장은 마치 훈계하듯 말을 이어갔다.

"사람은 늘 보고 싶은 것만 본다네. 그건 스스로를 기만하는 행위지. 물론 살아가면서 자기합리화가 필요할 때도 있겠지. 하지만 사람이 성장해나가는 데 있어서는 가장 큰 걸림돌이 될 수 있다네. 절대 문제를 정면으로 대하려 하지 않으니까 말일세. 자네가 진급에서 누락된 이유가 인맥이라고 굳게 믿고 있는 것처럼 말일세."

"그럼 제가 진급에서 누락된 게 인맥이 없어서가 아니라 다른 이유가 있다는 겁니까?"

"그건 자네가 스스로 생각해보면 알게 될 게야. 어쩌면 자네 말이 맞을 수도 있겠지. 하지만 그렇다고 성공하겠다는 의지를 포기하는 건 삶을 포기하는 거나 마찬가지라고 말하고 싶군. 거창하게 '성공'이라고 말해서 못 알아듣겠다면 이렇게 말해보지. 무능력한 사람이라고 손가락질받는 게 낫겠나, 능력 있는 사람이라고 인정받는 게 낫겠나? 장사를 한다고 치면 항상 적자에 허덕이면서 월세 걱정을 하고 싶은가, 아니면 몰려드는 손님 때문에 얼마나 벌었는지 돈 세볼 시간조차 없는 게 낫겠

나? 자식을 낳았다면 아이가 몇 천 원밖에 하지 않는 수업준비
물 살 돈을 달라고 할 때 미안해하며 친구에게 빌려 쓰라고 하
고 싶겠나, 아니면 아이의 재능을 발견하고 재능을 살려줄 수
있는 실력 있는 선생이 누구인지 고민하고 싶겠는가?"

태봉은 서 차장의 말에 딱히 반박할 말을 찾을 수가 없었다.
무기력한 사람으로 낙인찍히고, 파리만 날리는 가게에서 월
세 걱정을 하고 싶은 사람이 누가 있겠는가. 생명처럼 귀한
자식이 부모의 무능력 때문에 상처받기를 원하는 사람이 어
디 있겠는가.

"성공하지 못할 것 같아서 포기하면서 온갖 미사여구로 자
기합리화를 하지는 말게. 그건 삶에 충실하지 못한 자의 변명
일 뿐이니까."

"술이나 한 잔 더 주십시오."

태봉은 서 차장의 말을 인정하지 않고 술잔을 내밀었다.

"성공하고 싶은 마음은 사람이 갖고 있는 생존 본능이라네.
그걸 어떤 이유에서든 포기하는 건 삶을 포기하는 거나 마찬
가지지. 그리고 그 이유를 다른 사람들에게서 찾는 건 비겁한
짓이라네. 자기 안에서 찾아야지."

서 차장의 목소리는 확신에 차 있었다.

"시대가 아무리 변해도 사람들이 사는 세상은 피라미드 구

조라네. 위계사회라는 말이지. 모든 것을 손에 넣고 풍요를 즐기며 살아가는 부류는 극히 일부야. 많은 사람들이 위를 바라보지만 모두가 위로 올라갈 수는 없네. 사람이 욕망덩어리라는 건 인정할걸세. 갖고 싶고, 누리고 싶고, 인정받고 싶어 하지. 하지만 그런 욕망을 실현하는 사람은 피라미드 꼭대기에 있는 일부 사람들뿐이라는 사실을 명심하게나."

"······."

태봉 역시 그 말을 인정하는 듯 고개를 끄덕였다. 시대가 변했다고 해서 사람들이 살아가는 모습이 변한 것은 아니었다. 물질적으로 풍요로워지고 기술이 발달하기는 했지만 기본적으로 세상사란 소수의 가진 자들과 대다수 평범한 자들이 만들어내는 피라미드 구조임이 분명했다.

비록 중고등학교 수업시간에 앞으로 세상은 분배가 잘 이루어져 마름모꼴 구조가 될 것이라고 배웠지만 사회는 그런 어설픈 교과서적인 생각을 용납하지 않았다.

"사람들 사는 곳은 모두 마찬가지라네. 회사는 안 그런가? 군대는 안 그런가? 수많은 신입사원들이 입사하지만 그 중 몇 명이나 세월이 흐른 뒤에 임원자리에 앉게 되던가? 육사를 졸업하고 소위로 임관하는 그 많은 동기 중 과연 몇 명이나 별을 달게 되던가?"

"하지만…."

태봉은 말을 삼켰다. 다 맞는 말이었다. 하지만 그뿐이지 않은가. 어차피 성공이라는 것은 쉽게 이룰 수 없는 것이다. 수많은 사람들 중 피라미드 위쪽에 올라갈 수 있는 사람은 소수임이 분명했다. 아무리 노력해도 성공이라는 피라미드 위쪽으로 올라갈 수 없는데도 거기에 모든 것을 건다는 것은 어리석은 일인지도 모른다. 그래서 태봉은 굳이 반박할 말을 내뱉지 않았다. 어차피 삶에 찌들고 지친 만년차장의 넋두리에 휘둘릴 필요가 없지 않을까. 하지만 이어지는 서 차장의 말에 태봉은 더 이상 참을 수가 없었다.

"나처럼 되고 싶은가?"

서 차장은 태봉을 빤히 바라보며 말했다.

"말 막하지 마십시오! 누가 서 차장님처럼 그 나이에 청승맞게 아파트 옥상에 올라와서 생판 처음 보는 사람 붙잡아놓고 신세한탄을 하고 싶겠습니까? 그리고 전 서 차장님처럼 살지 않을 겁니다. 세상 사람이 모두 성공을 위해서 달려가진 않는다는 겁니다. 다르게 사는 방법도 얼마든지 있다는 건 왜 모르십니까?"

언성을 높이는 태봉과 달리 서 차장은 묵묵히 고개를 끄덕였다. 그리고 차분하게 말을 이어갔다.

"나 역시 자네 나이에 똑같이 생각했기 때문에 지금 이런 말을 하는 거라네. 내가 꼭 자네 나이였을 때 나도 동기의 진급을 지켜보아야 했지. 나도 그때 내게 부족한 게 무엇인지 찾지 않고 그 친구와 세상을 원망했지. 그 친구가 갖고 있는 집안, 배경 그런 거 때문에 내가 밀린다고 결론을 내렸네. 그리고 그때부터 생각했지. 어차피 성공을 위해 악착같이 매달려봤자 내겐 기회가 오지 않을 거다, 그러니까 적당히 편하게 살자, 이렇게 말일세. 그 결과가 바로 지금 이 모습이라네. 그때 왜 성공을 위해 좀더 치열해지지 않았을까 후회가 된다네. 그랬으면 이렇게 후회는 하지 않을 텐데 말일세. 지나고보니다 때가 있더군. 열심히 해야 할 때가 있고 천천히 가야 할 때가 있지. 젊었을 때 천천히 가선 안 되는 거였어."

"……."

"자네도 나중에 후회하지 않으려면 그래야 한다네. 성공하면 누릴 수 있는 게 참으로 많지. 시간에 쫓기지 않고 자유로워질 수 있고, 돈에 대해 좀더 여유로워질 수 있지. 게다가 다른 사람들의 존경을 받을 수 있고, 영향력을 발휘할 수도 있네. 그뿐만이 아니야. 자신에 대한 자긍심을 가질 수 있다는 것도 중요하지. 자식들에게 더 좋은 기회를 만들어줄 수도 있고 말이야."

서 차장의 음성은 여전히 확신에 차 있었다.

"하지만 젊은 날에는 이런 말이 막연하게만 들리겠지. 하지만 항상 젊은 건 아니라네. 나 역시 자네 같은 생각을 했던 게 엊그제 같은데 벌써 이렇게 세월이 흘렀지 않은가. 세월은 생각보다 빠르게 흘러간다네. 자네 역시 나처럼 후회하고 싶다면 성공하기 위해서 노력하지 않아도 되겠지."

"……."

비슷한 처지에 있는 사람이 충고했다면 어색하게 웃으면서 쓸데없는 간섭하지 말라고 무시했을지도 모를 상황이었다. 하지만 태봉은 그럴 수가 없었다. 회한으로 가득한 서 차장의 말 한마디 한마디가 가슴을 흔들었다.

그가 한 말이 머릿속에 그려졌다. 세월이 흐른 뒤 현재를 후회하며 늙고 무능력한 퇴물로 취급받을 상상을 하니 끔찍했다. 그것은 태봉이 생각하던 미래가 아니었다. 태봉의 표정에서 속마음을 읽은 듯 서 차장은 술잔을 내밀었다.

"어째서 성공해야 하는지 이유를 알고 있는 것만으로도 자넨 한발을 내딛은 거라네."

내 안의 성공 본능을 깨우는 5계명

인간은 누구나 잘살고 싶은 욕구, 인정받고 싶은 욕구, 주목받고 싶은 욕구 그리고 베풀고 싶은 욕구를 갖고 있다. 그런 욕구는 '~하고 싶다'는 염원이나 바람을 갖는 것만으로 충분하지 않다. 이런 욕구 하나하나를 목표라고 가정한다면, 누구나 목표 관철을 위해서는 반드시 권력을 손에 넣어야 한다.

1. 간절히 바라는 것만으로 손에 넣을 수 있는 욕구는 없다.

무엇인가를 간절히 바라는 것은 심리적 충족감을 줄 수 있다. 하지만 상당히 조직적이고 체계적인 노력이 뒤따르지 않으면 욕구를 실현하기는 쉽지 않다.

2. 나에게도 욕구를 누릴 권리가 있음을 받아들여야 한다.

'그 혹은 그녀가 어떤 것을 성취하였다'는 사실을 당연하게 여기면서도 내가 그런 성취의 주역이 되어야 한다'는 사실에 의심을 가진 사람들이 있다. 이런 사람은 우선 '내가 주역이 될 수 있을까?'라는 회의감이나 의심 그리고 고정관념을 과감히 깨뜨려야 한다.

3. 욕구 충족은 의도적이고 체계적인 노력이 필요하다.

욕구 충족은 권력 획득에 의해서 이루어지기 때문에 상당히 의도적이고 조직적이며 체계적인 노력을 지속적으로 기울여야 한다. 권력의 본질과 원천이 무엇인지를 정확하게 이해하고 스스로 고쳐야 할 것이 있다면 과감하게 수정할 수 있어야 한다. '그렇게까지 할 필요가 있을까?' 라는 회의감을 넘어서야 길이 열린다.

4. 권력은 누구나 가질 수 없는 유한有限한 자원이다.

특히 조직 내에서 권력이 배분될 때 유한성은 뚜렷이 그 모습을 드러낸다. 내가 가지면 타인이 가질 수 없는 경우가 많다. '윈-윈' win-win 은 물론 좋은 말이다. 그러나 조직 내에서 권력을 나누는 것은 '제로섬' zero-sum 게임의 성격이 아주 짙다. 추구하지 않으면 결국 뒤로 밀려날 수밖에 없다. 그것이 엄연한 현실이다.

5. 누구도 '이것이 당신 몫이오' 라고 찾아주지 않는다.

각자가 알아서 자신의 몫을 찾아 나서야 한다. '줄기차게 밀어붙이지 않으면 아무것도 얻을 수 없다' 는 사실을 명심하라. 때문에 '저 사람은 참 사람 좋아' 라는 표현은 역설적이게도 권력 추구와 관련해선 그다지 후한 평가가 아닐 수도 있다.

허당 태봉,
출세로 이끄는
마법의 알파를 찾아라

제 2 장

기회는
누구에게나 온다?

"성공해야 하는 이유를 알고 있으면 뭐합니까?"

　태봉의 음성에는 짙은 절망감이 배어 있었다.

　"성공하기 위해서는 갖춰야 할 게 많은 세상이란 거 아시잖
습니까. 제가 누누이 얘기하지만 좋은 집안에서 태어나서 좋
은 학벌에 뒤를 받쳐줄 수 있는 배경이 있어야만 성공할 수
있잖습니까. 그저 그런 집안에서 태어나 평범한 대학 나와선
아무리 노력해도 얻을 수 없는 게 있더란 말입니다."

　태봉은 자신의 속내를 털어놓으면서 입안이 쓴 듯 인상을
찡그렸다. 지극히 평범했던 인생. 두각을 나타내는 학업성적

은 아니었지만, 특별히 말썽을 일으킨 적도 없었다. 남들 다 가는 대학에 별다른 목표 없이 진학했다. 하지만 대학을 다니면서 꿈이라는 걸 가졌다. 좋은 회사에 취업해서 가정도 꾸리고 보란 듯이 출세하고 싶었다. 그래서 학점 관리도 충실하게 하고 취업 준비도 땀나게 했다.

졸업 후 취직을 했다. 열심히 노력하면 승진도 하고 회사에서 성공할 수 있을 거라고 생각했다. 그럴 자신도 있었다. 피곤한 몸을 이끌고 저녁시간 쪼개서 자기계발도 했다. 하지만 인맥이 빵빵한 친구에게 밀리자 모든 것이 다 부질없게 느껴졌다.

"누군들 성공하고 싶지 않았겠습니까?"

태봉의 눈동자는 흔들리고 있었다.

"하지만 갖추고 있어야 하는 것이 없는 상황에서는 공염불이나 마찬가집니다. 서 차장님도 잘 아실 텐데요."

"정말 그렇게 생각하나?"

한참 동안 묵묵히 태봉의 말을 듣고 있던 서 차장이 말을 이었다.

"성공이란 건 좋은 배경이 있어야만 할 수 있는 게 아니라네."

"누구나 말은 그렇게 할 수 있지만 현실은 다릅니다."

기회는 누구에게나 올 수 있다. 삶은 노력하는 자의 것이다.

누구나 할 수 있는 말이다. 교과서를 펼치면 어디서나 찾을 수 있는 말이다. 하지만 이상은 어디까지나 이상이고, 현실은 현실이다. 현실은 냉정했다. 직장생활에 찌들어버린 태봉은 이상을 믿지 않았다.

"물론 그렇게 생각할 수도 있겠지. 성공하기란 쉬운 게 아닐 테니까 말일세."

서 차장은 묵묵히 고개를 끄덕였다.

"하지만 모든 것을 갖고 있어야 성공할 수 있다는 말은 성공하기를 포기한 이들의 변명일 뿐이라네. 나 역시 그랬으니까."

"됐습니다. 이제 더 이상 듣는 것도 지겹습니다. 술은 잘 마셨습니다."

태봉은 고개를 저으며 자리에서 일어났다.

"자네, 내 말을 믿지 않는구먼."

"말로는 무슨 말을 못합니까. 현실은 다르다는 것뿐이지요."

"그럼 만일 내가 자네에게 배경이 좋아야만 성공할 수 있는 게 아니라는 걸 확인시켜주면 어쩔 텐가?"

"예?"

태봉은 어이없는 표정으로 서 차장을 바라봤다.

서 차장은 많은 술을 마셨음에도 흐트러짐 없이 진지한 표정이었다.

"내 부탁 하나 들어줄 수 있겠나?"

"무슨 부탁 말입니까?"

"그건 먼저 확인한 뒤에 얘기함세."

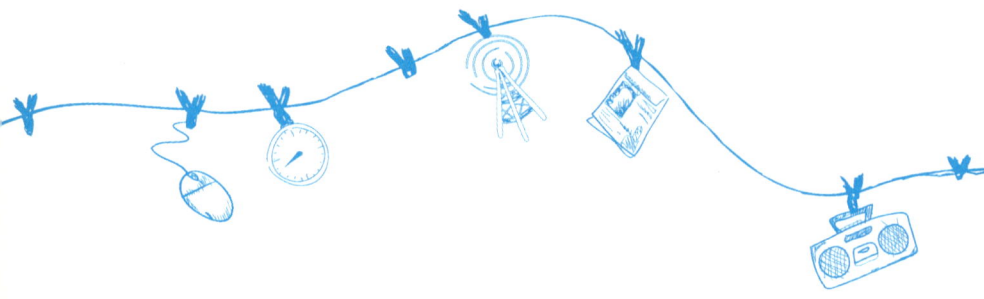

서태봉,
운을 탓하다

그 순간 태봉의 두 눈이 휘둥그레졌다. 분명 아파트 옥상에 앉아 있었는데, 어느새 많은 사람들이 북적거리고 있는 식당에 앉아 있는 게 아닌가. 서 차장은 식당 테이블에 앉아 있는 이들을 하나하나 훑어보며 어리둥절해 하고 있는 태봉을 향해 말했다.

"내 고등학교 동창회 자리일세. 오랜만에 보는 친구들이지."

서 차장의 목소리는 너무나 자연스러웠다. 태봉은 자기가 어떻게 이곳에 오게 되었는지 전혀 생각이 나지 않았다. 아마 술 때문이리라. 박범수의 승진 축하 회식자리에서, 그리고 서 차장과 대화를 나누면서 태봉은 자신의 주량보다 한참을 더 마셨다. 아마도 제정신이 아닌 상태에서 서 차장을 따라 나섰음이 분명했다. 어느새 옷까지 갈아입고 있으니 분명 집에 들렀다 왔을 게 뻔했다.

'아내에게는 무슨 말을 하고 나왔을까? 들어가면 잔소리 꽤나 하겠군.'

게다가 여기까지 어떻게 왔는지 기억이 없는 것으로 보아 잠이라도 들었을 것이다. 태봉은 술 때문에 허튼짓을 했다는 생각에 눈살을 찌푸렸다.

"여긴 왜 온 겁니까?"

"말했지 않은가. 성공이란 게 타고나는 신분으로 결정되는 게 아니라는 사실을 자네에게 확인시켜주겠다고."

서 차장의 음성에는 확신이 담겨 있었다.

"저 친구는 고등학교 졸업하자마자 결혼해서 벌써 손자를 봤다네. 저기 앉아 있는 저 친구, 흰머리가 벌써 저렇게 많아졌군. 고등학교 때 근처 여학교에서 저 친구 보겠다고 찾아오는 여학생들도 많았는데."

서 차장은 마치 과거를 더듬듯 학창시절의 기억을 떠올리며 친구들을 태봉에게 소개했다. 태봉은 고등학교를 졸업하자마자 결혼한 친구부터 곱상하게 생겨서 여학생들에게 인기가 많았던 친구까지, 어느 동창 모임이나 비슷한 캐릭터가 있다는 사실에 슬며시 웃음이 나왔다.

"이봐! 뭘 그렇게 두리번거려! 이리 와서 한잔해야지."

술잔을 들어 보이며 호탕하게 소리치는 동창생을 바라보면서 차장은 손을 흔들었다.

"공충식 저 친구는 고등학교 때부터 술고래라고 소문이 자자했었는데, 여전하구만."

"가보셔야 하는 거 아닙니까? 괜히 저 때문에…."

"괜찮네. 딱히 나를 부른 거라기보다는 술을 부른 걸 테니까. 어지간히 술을 좋아하는 친구라네."

서 차장 말처럼 공충식이란 사람은 어느새 다른 동창생과 술잔을 부딪치고 있었다.

"그런데 저 사람도 서 차장님 동창입니까?"

태봉은 구석자리에 앉아서 혼자 술잔을 기울이고 있는 한 사내를 가리키며 물었다. 규모가 작은 식당을 빌려 동창회 모임을 가진 탓에 홀 안은 몹시 북적거렸다. 그런데 유독 혼자 테이블을 차지하고 앉아 있는 사람이 있었다. 마치 아무도 그가 앉아 있는 테이블에 오려 하지 않는 것 같았다.

"저 친구 박성호로군."

서 차장은 그를 바로 알아보았다. 박성호라 불린 사내는 평범한 체구였지만, 축 쳐진 어깨 때문에 더욱 외소해보였다.
그는 다른 동창생들에게 관심조차 없는 듯 혼자 술잔을 기울
이고 있었다. 태봉은 근처 테이블에 앉아서 술잔을 주고받는
동창생들의 대화를 듣고 그에 대해 알 수 있었다.

"박성호도 초라하군. 벌이는 사업마다 족족 말아먹었다더니
어깨가 축 쳐졌네."

"그러게, 고등학교 때까지는 제일 잘나가던 친구였는데."

"잘나갔지. 집도 제일 잘 살았고, 대학도 좋은 대학 갔잖아.
저 친구 아버지가 1학년 때부터 육성회장이었지. 인생만사 새
옹지마라더니 정말 그렇군. 모든 걸 다 갖고 있어서 분명히
떵떵거리고 살 줄 알았는데…."

태봉은 묵묵히 자기 잔에 술을 채우고 있는 박성호를 바라
보았다. 분명 동창들의 수군거림을 들었을 텐데도 아무 반응
을 보이지 않고 있었다.

"그래도 오랜만에 봤는데, 한잔해야지."

고등학교 때부터 술고래였다는 공충식은 술잔을 들고 사리
에서 일어나며 말했다.

"쓸데없는 짓 하지 마!"

공충식과 마주 앉아 있던 다른 동창생 하나가 일어서는 그
의 팔을 잡으며 말렸다.

"괜히 아는 척했다가 귀찮아진다네."

"귀찮아지다니?"

공충식은 엉거주춤한 자세로 물었다. 공충식을 말리던 사내는 박성호를 힐끔거리며 나지막하게 입을 열었다.

태봉은 왁자지껄한 분위기 때문에 그들의 대화를 자세히 들을 수는 없었지만 박성호가 사업을 하다 크게 실패한 후 많은 동창생들을 찾아다니며 도움을 청했다는 이야기를 대충 들을 수 있었다. 또 그와 잘못 엮이면 꽤나 귀찮아질 수 있다는 말도 똑똑히 알아들을 수 있었다.

추억을 함께 공유하려는 동창회 모임에서조차 실패라는 굴레를 벗어던질 수 없다는 현실에 태봉은 씁쓸했다. 하지만 이해할 수 있었다. 사실 태봉 자신도 잘 풀리지 못한 동창들에게 이런 저런 부탁을 받은 후 슬며시 거리를 둔 적이 몇 번 있었기 때문이다.

서 차장은 담담하게 말했다.

"박성호, 저 친구는 자네가 말하는 모든 것을 갖추고 있었다네. 그런데 성공하지 못했지."

"운이 없어서겠죠."

"운이라, 참 편한 말이군."

"저기 앉아 있는 저 친구는 고등학교 때 학비조차 낼 형편이 못 됐지만 지금은 인천 연안부두에서 꽤 유명한 횟집을 운영한다네. 그리고 저기 술에 취해 노래를 부르고 있는 친구는 꽤나 탄탄하다는 중소기업을 부모에게 물려받았는데도 지금은 택배기사 일을 하고 있지. 자네 주변에도 출발은 남들보다 빨랐지만 결국 성공하지 못한 사람들이 있지 않은가. 그 반대로 출발은 형편없이 초라했지만 성공한 사람들이 있을 거네. 그 모두가 운 때문이라고 생각하나?"

"……."

서 차장은 테이블에 혼자 앉아 있는 박성호를 바라봤다.

"저 친구를 보면 좋은 집안, 좋은 학교, 좋은 배경이 성공하는 데 걸림돌이 되었다는 생각이 든다네."

"걸림돌이라뇨?"

"모든 것이 갖춰져 있었기 때문에 인생 초반전부터 지나치게 안심하고 있었던 거지. 그러다 보니 자기가 가진 것에 만족하게 되고, 꼭 성공해야 한다는 절박함도 생기지 않고 말이지."

박성호를 바라보는 서 차장의 눈빛에는 아쉬움이 담겨 있었다.

"인생은 길다네. 그 긴 인생에서 고등학교, 대학교를 졸업할 때 갖고 있던 것들은 아무것도 아니야. 저들을 보게나."

서 차장은 동창회장에 모인 이들을 둘러보았다.

"비록 같은 고등학교를 졸업했지만 지금 사는 모습은 천차 만별이라네. 남의 밑에서 일하고 있는 사람, 독립해서 자기 일을 하는 사람, 처음에는 화려했지만 지금은 찌그러져 있는 사람, 초라하게 시작했지만 지금은 성공가도를 달리고 있는 사람…. 이렇게 다른 인생을 살아가는 이유는 도대체 뭘까? 부모의 재산이나 알량한 학벌이 지금 저 친구들의 위치를 결정하는 건 아니더군. 살아보니 성공하는 데 필요한 건 그런 게 아니더란 말이지."

"부모의 재산도 아니다, 학벌도 아니다, 배경도 아니라면 성공하기 위해선 대체 뭐가 필요한 겁니까?"

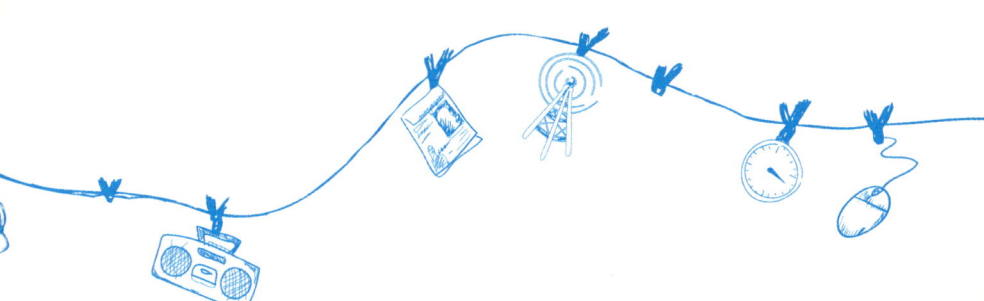

성공은
알파가 결정한다

"성공하기 위해선 우선 실력이 필요해. 그 다음에 결정적인 역할을 하는 알파(∞)가 필요하다네. 특히 '성공 = 실력 + 알파' 가 아니라 '성공 = 실력 × 알파' 라는 걸 명심하게."

"실력은 알겠는데 알파는 뭡니까? 그리고 더하기가 아니라 곱하기는 또 뭐고요."

태봉은 더욱 알 수 없다는 듯 인상을 찡그리며 물었다. 성공하기 위해서 영어공부를 한다거나, 업무처리 능력을 쌓는 등 실력을 키우라는 말은 많이 들어봤다. 하지만 알파가 무엇을 뜻하는지는 도무지 알 수가 없었다. 게다가 더하기가 아니라

곱하기란다. 만일 알파가 없다면 곱하기 0이 되니까 '성공=0'
이 된다. 다시 말해 실력만으로는 아무런 쓸모가 없다는 말이
된다.

서 차장은 태봉의 표정에서 그의 속내를 읽을 수 있었다.

"알파라는 게 바로 성공의 비결이라네. 아직도 모르겠나. 알
파는 선택이 아니라 성공의 필수 조건이라는 거지. 선택과 필
수는 아주 다르다네. 알파는 단순히 실력에 더해지는 게 아니
라, 곱해져서 엄청나게 큰 효과를 낼 수 있는 거라네."

"그럼 대체 그게 뭡니까?"

태봉은 답답함을 견디지 못하고 물었다. 그때 한 동창생이
식당 안으로 들어왔다.

"여어, 진준혁이! 지각이야, 지각! 요즘 잘나간다고 들었는
데 너무한 거 아냐?"

술고래라 불리는 공충식은 이미 거나하게 취한 듯 벌겋게
달아오른 얼굴로 소주잔을 흔들며 반가워했다. 진준혁이라
불린 사내는 미소를 지으며 공충식과 악수를 나눴다. 태봉은
진준혁의 미소가 무척 자신만만하고 여유 있어 보인다고 느
꼈다. 진준혁을 유심히 쳐다보던 태봉은 그만 소리를 지를 뻔
했다.

"저, 저 분은!"

태봉은 처음부터 진준혁의 얼굴이 무척 낯익다고 생각했다. 그리고 곧 그 사람이 자기가 다니는 회사의 상무이사임을 기억해 냈다. 평사원으로 시작해 상무이사 자리까지 올랐고, 오래지 않아 회사 최고경영자가 될 거라고 회사 내에 소문이 자자한 사람이었다. 그런 사람을 태봉이 모를 리 없었다.

"자네 회사 상무이사 맞네."

서 차장은 미소를 지어보였다.

"좀더 지켜보게나."

진준혁은 자신을 알아보는 동창생들과 일일이 눈을 마주치며 악수를 나눴다. 박성호와도 반갑게 악수를 나누었다. 진준혁과 박성호가 악수를 나눌 때 태봉은 둘의 차이를 느낄 수 있었다. 모두가 환영하는 동창생과 아무도 환영하지 않고 오히려 피하려고 하는 동창생. 두 사람의 체구는 비슷했지만 박성호는 축 쳐진 어깨로 인해 훨씬 외소해보였다. 반면 자신만만한 태도로 어깨를 펴고 있는 진준혁은 박성호보다 훨씬 커 보였다. 서 차장은 진준혁과 인사하는 것도 잊은 듯 태봉의 곁에서 입을 열었다.

"여러모로 박성호와 대비되는 친구라네."

"대비되다니요?"

"진준혁 저 친구는 고등학교 때 수학여행도 못 갈 정도로 집안 형편이 어려웠다네. 본인은 대학 진학할 생각도 안 하고 있는데 어머님이 남들 다 가는 대학은 나와야 취직이라도 할 수 있다고 고집하셔서 겨우 지방대학에 진학했지. 자네 말대로라면 좋은 집안도, 좋은 학벌도 없는 친구지만 대기업 상무이사로 승승장구하고 있지 않은가. 그것도 평사원으로 입사해서 말일세."

"그건 이미 알고 있습니다."

"저 친구가 운이 좋아서 성공한 건 아니라네."

"그럼 실력×알파라고 말하고 싶으신 겁니까?"

"물론일세."

서 차장의 음성은 단호했다. 태봉은 그 알파라는 것이 대체 무엇이기에 서 차장이 이토록 자신 있게 말하는지 궁금했다.

"대체 그게 뭐기에…."

태봉은 질문을 던지다 말고 눈빛을 빛냈다. 박성호가 술잔을 들고 자리에서 일어났기 때문이다. 박성호는 진준혁 옆자리에 가서 앉았다.

"어이, 친구! 한잔 받고 얘기 좀 하지."

그는 진준혁에게 술잔을 내밀며 말했다.

"나 좀 도와주게."

"도와달라니? 밑도 끝도 없이 무슨 말이야?"

진준혁이 의아한 표정을 지어보였다.

"좋은 사업 아이템이 하나 있네."

박성호의 말에 진준혁은 인상을 구겼다. 듣기 싫다는 무언의 표현이었지만 박성호는 개의치 않고 이야기를 꺼냈다. 박성호는 거창한 사업계획을 한참 동안 이야기했다. 그의 말을 안주삼아 묵묵히 듣고 있던 진준혁은 술잔을 비우며 말했다.

"미안하지만 그 부탁은 들어줄 수 없네. 못 들은 걸로 하지."

"준혁아! 아니, 진 이사! 동창 좋은 게 뭔가. 이건 자네한테도 손해날 게 없는 일이라니까. 스타그룹 상무이사가 조금만 도와주면 확실한 대박감이라고."

진준혁이 거절하자 박성호의 표정도 굳어졌다. 하지만 포기하지 않고 미소를 지으며 다시 매달렸다.

그 모습을 바라보고 있던 태봉은 그제야 박성호가 어째서 아무도 반기지 않는 동창회 자리에 참석했는지 짐작할 수 있었다. 가족을 먹여 살려야 하는 상황이라면 체면 따위는 아무런 문제가 되지 않을 거라는 생각마저 들었다. 태봉의 생각을 증명이라도 하듯 박성호는 다른 동창생들의 눈은 상관하지 않고 목소리를 높였다.

"자네도 알잖나. 지금까지 내가 운이 없어서 실패했다는 거. 하지만 이번에는 달라."

"운?"

진준혁은 더 이상 듣기 곤란한 듯 자리에서 일어나더니 고개를 돌려 물었다.

"정말 운이 없었다고 생각하나?"

"물론이지. 내가 부족한 게 뭐가 있었나? 인맥도 좋았고 자금도 충분했단 말일세. 다만 지금까지는 운이 없었을 뿐이야. 그거 말고는 내가 실패할 이유가 없지 않은가? 근데 이번에는 달라. 여러 가지로 조짐이 좋단 말이야. 자네가 좀 도와주기만 한다면 꼭 성공할 수 있을 거야."

"자네 아직도 학벌, 인맥, 돈이면 성공할 수 있다고 생각하는 건가?"

"왜 아니겠나? 학벌, 인맥, 돈이 실력인 세상 아닌가?"

진준혁은 박성호에게 조용히 말했다.

"실패를 통해서 아무것도 깨닫지 못했군. 그래, 백번 양보해서 그런 게 실력이라고 해두지. 그렇다고 해도 실력만으로 성공할 수 있는 게 아니야. 실력도 중요하지. 하지만 실력에 날개를 달아주고 성과를 만들어내기 위해서는 다른 무언가가 필요하다네."

"그럼 자넨 뭐가 그리 잘나서 그걸 알았나?"

아무리 자존심을 다 내팽개치고 도움을 청하고는 있지만,

운이 아니라 다른 이유 때문에 실패했다는 진준혁의 말이 박성호의 자존심을 건드린 모양이었다.

"삼류대학에서는 그런 것도 가르쳐 주는 모양이군."

박성호는 비아냥거리듯 물었다.

"경험을 통해 배웠지. 성공한 사람들은 특별한 성공 방정식을 알고 있지. 바로 '성공 = 실력 × 알파' 라는 것이지."

진준혁은 담담하게 대답하고 식당을 나섰다.

서태봉, 서 차장에게
손을 내밀다

"실력×알파라⋯."

태봉은 진준혁의 마지막 말을 되뇌었다.

"그렇다면 그 알파라는 것이 정말 존재한다는 겁니까?"

태봉의 얼굴은 상기되었다.

"따라가 보면 알게 되겠지."

서 차장은 태봉의 물음에 대답하지 않고 식당을 나서는 진준혁의 뒤를 쫓아 걸음을 옮겼다.

태봉 역시 서 차장을 따라갔다.

진준혁은 식당 근처 한 횟집으로 들어갔다. 두 사람도 서둘러 횟집으로 들어갔다. 진준혁은 비슷한 또래 남자들 몇 명과 함께 앉아 대화를 나누고 있었다.

"진 이사, 난 자네가 성공할 줄 알았어. 입사 때부터 달랐다니까. 장차 CEO가 될 거라는 소문이 자자해. 그때 되면 나 잊지 말게."

"한 사람은 상무이사, 한 사람은 통닭집 주인. 하하하! 같은 곳에서 시작한 인생이 이렇게 달라지기도 하는군."

오고가는 대화는 많았지만 대부분은 비슷한 얘기였다. 혹시 모를 떡고물을 기대하면서 진준혁을 추켜세우는 이들과 그의 성공을 부러워하면서도 말을 아끼는 사람들.

"입사 동기 모임이라네."

"그럼 서 차장님도 저희 회사에 다니십니까?"

태봉은 놀란 눈으로 서 차장을 돌아봤다. 입사 동기 모임이라면 서 차장 역시 진준혁과 입사 동기가 된다는 뜻이었다.

"자재부에 근무하고 있다네. 물론 나 같은 만년차장이야 사원들이 신경 쓰시 않으니까 몰라볼 수 있었겠지. 너무 마음 쓰지 말게."

"하지만…"

태봉은 옥상에서 서 차장에게 언성을 높인 일을 떠올리며 뭔가 사과의 말을 찾았다. 하지만 서 차장은 그의 말을 막았다.

"저 친구는 회사를 그만두고 통닭집을 운영한다네. 말이 통닭집이지, 강남에 있는 꽤 규모가 큰 호프집이지. 나름대로 성공했다네. 그 옆에 있는 친구 역시 회사를 그만두고 자영업을 시작했다고 들었는데 많이 어렵다고 하더군. 같은 입사 동기지만 이렇게 차이가 난다네. 뭐, 굳이 다른 사람들 얘기 할 것도 없지. 나를 보게. 진준혁 저 친구와 같이 출발했는데 언제 정리해고 당할지 모르는 만년차장이라니…."

서 차장은 씁쓸한 표정으로 어색하게 미소를 지어보였다.

"한때 모두 같이 평사원으로 회사에 입사했지만 우리 동기들이 지금 사는 모습은 천차만별이라네. 그 이유가 뭔 거 같나?"

"그럼 혹시 성공의 비결이라는 알파 때문이라는 겁니까?"

태봉의 눈빛이 빛났다. 알파! 만년차장인 서 차장에게서만 들은 이야기라면 무시했을지도 모른다. 하지만 평사원들 사이에서 신화적인 존재로 인정받는 진준혁 이사의 입에서도 똑같은 말이 튀어나왔었다. 그렇다면 전혀 근거 없는 말이 아니라는 뜻이었다. 정말 성공의 비결이 존재한다면, 알고 싶었다.

"난 인생 전체를 꿰뚫는 성공 방법에 대해 이야기할 만큼 대단한 사람이 못되네. 하지만 회사에서 성공하는 법이라면 자네에게 이야기해줄 거리가 좀 있지. 물론 회사라는 조직이 인생의 축소판이라고 생각한다면 인생에서 성공하는 법이나 조직에서 출세하는 법이나 별로 다르지 않겠지만 말이야."

조급한 태봉과 달리 서 차장의 음성은 차분했다.

"저 친구들은 모두 '신입사원'으로 출발했지. 하지만 지금 서 있는 자리는 눈앞에 보이듯이 많은 차이가 나지. 그 차이를 만들어내는 게 바로 알파라고 부르는 것들이지. 물론 그 바탕에는 처지지 않는 실력이 기본이 되어야 한다는 전제가 깔려 있기는 하지만 말일세. 그래서 '실력×알파'라고 하지."

"그런데 왜 아무도 가르쳐주지 않은 겁니까? 학교에서도, 직장에서도 전 알파에 대해 들은 적도 배운 적도 없습니다."

"나 역시 마찬가지라네. 만일 젊은 날에 그걸 알았더라면 지금 이렇게 후회하고 있지 않겠지. 그런데 그게 말이야, 글이나 말로 배울 수 있는 게 아니더군. 수많은 시행착오를 직접 체험하고 나서 깨달을 수 있단 말이지. 누구나 시간과 노력, 돈과 기회라는 값비싼 비용을 지불하고 나서야 알게 된다네."

서 차장의 말을 듣고 태봉은 막막한 표정을 지어보였다.

"하지만 걱정하지 말게. 자네는 성공하는 방법이 있다는 것을 이미 알게 되었잖나."

"방법이 있다는 것을 안 것만으로는 부족합니다. 더 자세하게 제대로 알고 싶습니다. 저도 떳떳한 가장이고 싶고 성공하고 싶습니다."

태봉의 눈빛에서 간절함이 느껴졌다.

"어떻게 하면 성공할 수 있는 겁니까?"

공 코치의 권력 경영 2

권력의 원천을 이해하는 5계명

권력은 '자신이 추구하는 구체적인 결과나 목표를 얻기 위해 타인에게 영향력을 발휘하는 능력 또는 힘'을 말한다. 또한 권력은 '자신의 의도를 구체적인 행동으로 옮겨서 현실이 되도록 만드는 힘이나 역량'을 말한다. 쉽게 말해 권력을 갖게 되면 자신이 꿈꾸는 것을 현실로 만드는 힘을 얻게 되는 것이다. 만약 당신이 권력을 가질 수 없다면 생각만 하는 자 또는 꿈만 꾸는 자로 남을 수밖에 없다.

1. 성실성이나 노력만으로 충분하지 않다.

권력에 대한 우리의 부정적 인식은 오랜 기간을 보낸 학창시절에서 비롯된다. 학교 성적은 개인의 노력에 비례한다. 하지만 조직을 비롯한 사회생활은 상호익존저 사회이다. 학교는 상호의존성이 최소화된 무대이고, 조직은 상호의존성이 극대화된 무대임을 이해해야 한다. 하지만 상호의존성을 자신에게 유리하게 만드는 방법을 배울 기회는 드물다.

2. 자리 혹은 직책이나 직위가 권력을 만들어낸다.

권력은 '좋은 자리'에 앉는 데서부터 비롯된다. 좋은 자리에 앉을
수 없다면 권력도 행사할 수 없게 된다. 조직 구성원들은 좋은 자
리, 이른바 승진을 둘러싸고 끊임없이 경쟁하게 된다. 이는 곧바로
누가 권력을 쥐느냐를 둘러싼 게임이다.

3. 좋은 자리는 확실히 다양한 편익을 제공한다.

권력이 주는 혜택은 많다. 이에 대해 제프리 페퍼 교수는 다음과
같이 말한다. "첫째, 자기편을 만들어내는 데 필요한 예산, 설비,
직위 등의 자원에 대한 통제력. 둘째, 조직의 활동, 다른 이들의 선
호도와 판단, 진행되고 있는 사안과 그것을 추진하는 사람들의 정
보에 대한 장악력 또는 폭넓은 접근성. 셋째, 공식적 권한이다."
그 외에 개인적인 충만감 즉, 통제감 확보, 자긍심과 자신감 등도
권력을 획득한 사람이 가질 수 있는 것들이다.

4. 개인적 자질이 뛰어나다고 권력을 얻는 것은 아니다.

뛰어난 개인적 자질은 권력을 얻는 데 필요조건일 뿐 충분조건은
결코 아니다. 주의해야 할 점은 대부분의 사람들이 개인적 자질에
서 권력의 원천을 찾으려고 노력하다보니 나머지 조건들을 의도
적으로 묵시해 버린다는 것이다. 만일 여러분이 '실력만 있으면
충분해'라고 믿고 행동한다면 권력의 극히 일부분만 아는 것이다.

5. 권력을 갖고 싶으면 일단은 좋은 자리에 앉아야 한다.

권한을 갖고, 의사결정권을 행사하고, 더 높은 자리로 올라갈 수 있는 토대를 구축하는 데 이보다 더 좋은 방법은 없다. 조직 내에서 주변부 인물로 머물다가 중간에 방출되기를 원하지 않는다면, 권력에 이르는 길을 정확히 이해하고 이를 손에 넣기 위해 노력해야 한다.

제 **3** 장

허당 태봉,
'미쳤다' 라는 말을 듣다

미션,
알파를 찾아라

"곧 날이 밝아오겠군."

발걸음을 재촉하는 서 차장의 말에 태봉은 고개를 들었다. 새벽안개가 아스팔트 바닥에 자욱하게 내려앉아 있었다. 새벽이슬을 머금은 아침 공기가 차갑게 얼굴을 때려 정신이 맑아졌다. 그제야 태봉은 서 차장을 따라 어딘가를 향해 걷고 있는 중이라는 사실을 깨달았다.

땀을 흘리면서 일하고 있는 환경미화원과 트레이닝 복장을 하고 운동을 하는 사람들이 간혹 눈에 띄었다. 그 사람들 덕분에 이른 아침임을 알 수 있었다. 하지만 어젯밤 서 차장의 입사 동기 모임에서부터 지금까지 시간이 어떻게 흘렀는지 알 수가 없었다. 아무리 머리를 쥐어짜내도 생각이 나지 않았다.

아파트 옥상에서 동창회 자리로 이동할 때와 마찬가지로 기억의 필름이 끊겨져 있었다. 그렇게 많이 취했었나. 이렇게 새까맣게 기억이 나지 않을 정도로 술에 취한 적은 없었는데….

태봉은 은근히 걱정이 되었다. 그러면서도 무언가에 이끌린 듯 묵묵히 서 차장을 따라 걸음을 옮겼다. 한참 후에야 태봉은 지금 그들이 어디로 향하고 있는지 알 수 있었다.

"여긴…."

"맞네. 회사지."

서 차장은 스타그룹 본사 빌딩을 올려다보며 대답했다. 스타그룹 본사 빌딩은 독특한 현대식 디자인 덕분에 엇비슷한 모양 일색인 주변 건물들에 비해 단연 눈에 띄었다.

"자넨 이제 성공이 좋은 집안이나 학벌 따위로 결정되지 않는다는 사실을 인정하나?"

"그런 것 같습니다."

태봉은 떨떠름한 표정으로 고개를 끄덕였다. 어젯밤 옥상에서 서 차장과 한 약속이 생각났기 때문이다. 성공이란 게 좋은 배경으로 얻을 수 있는 게 아니라는 걸 서 차장이 확인시켜주면 태봉이 한 가지 부탁을 들어주기로 약속했었다.

"너무 긴장하진 말게나. 그리 과한 부탁은 아닐 테니까."

"그럼…."

"박범수라고, 이번에 과장으로 진급한 자네 동기 말일세. 그 친구가 어째서 자네보다 먼저 과장으로 진급했는지 그 이유를 알아내서 내게 설명해주게. 그 친구의 아버지가 이사 중 누군가와 친하기 때문에 진급했다는 것 말고 객관적으로 수긍할 수 있는 이유여야 한다네."

태봉은 의외의 부탁에 할 말을 잃었다. 너무 막연했다. 태봉의 기분을 아는 듯 서 차장은 그의 어깨를 가볍게 쳤다.

"알파의 비밀을 알고 싶다면, 이 부탁을 거절하지 말아야 할 거야."

그때였다.

"이제 출근하십니까!"

태봉은 낯선 음성에 건물 출입구 쪽을 바라보았다. 40대 후반쯤으로 보이는 경비원이 두 사람을 밝은 표정으로 맞이했다. 경비원은 허리를 숙이며 인사했다.

"오늘은 평소보다 10분 정도 늦으셨습니다."

"평소보다 늦다니, 이 시간에 출근하십니까?"

경비원의 말에 태봉은 서 차장을 돌아봤다.

"우리가 아닐세."

서 차장은 빙그레 웃으며 턱으로 반대쪽을 가리켰다. 진준혁이 빌딩 출입구를 향해 걸어오고 있었다.

"진 이사는 언제나 이 시간에 출근한다네. 자네도 오늘 일찍 출근해보면 많은 도움이 될 거야. 난 자재부에 있으니까 언제든지 찾아오게나. 너무 오래 걸리지는 않도록 하게."

서 차장은 태봉에게 마지막 말을 남기고 건물 안으로 걸어 들어갔다.

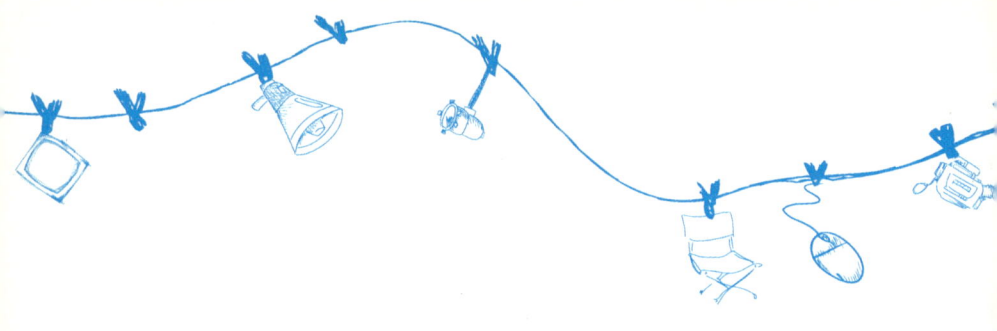

서태봉, 박 과장의
출근시간에 놀라다!

"회사라고? 당신 어제 어떻게 된 거야? 전화는 왜 안 받아?"

아내는 걱정스러운 목소리로 물었다. 평소에 아내와 통화할 때 그는 최대한 목소리를 낮췄다. 사내 커플이기 때문에 눈치를 보는 면도 있었지만 직책이 높은 아내와의 대화를 궁금해하는 주위의 시선을 의식한 탓이기도 했다. 하지만 이른 새벽 혼자 있는 사무실에서는 누구 눈치도 볼 필요가 없었다. 애교도 부릴 수가 있었다.

아내 말로는 어젯밤 고주망태가 되도록 술을 마시고는 집에 들어왔다고 한다. 그러고는 옷을 갈아입고 중요한 약속이 있다며 막무가내로 외출을 했다고 한다. 그런 남편을 밤새도록 기다린 아내의 기분을 풀어주기 위해선 이 방법이 최선일 거라 생각했다.

"미안해! 자기야, 사랑해. 쪽!"

태봉은 수화기에 입술을 대고 소리 나게 뽀뽀를 날린 뒤 전화를 끊었다. 그리고는 얼른 주위를 둘러봤다. 아무도 없다는 것을 알고는 있었지만 누군가 몰래 그 모습을 지켜보고 있을 것만 같았다.

태봉은 시계를 바라봤다. 이제 겨우 6시 30분. 직원들이 출근하려면 최소한 한 시간 반에서 두 시간은 있어야 한다.

"뭘 해야 하나…."

태봉은 습관적으로 진하게 커피 한 잔을 타서 자리에 앉아 컴퓨터 전원을 켰다. 포털사이트에 접속해 메일을 확인하고 이것저것 인터넷에 올라와 있는 기사를 훑어보기 시작했다. 일간지가 부서로 배달되지만 온라인 신문에 익숙한 세대답게 모니터에서 눈을 떼지 않았다. 진한 커피가 목으로 넘어가자 간밤에 호되게 술에 찌든 위장이 비명을 질러댔다.

"담배나 한 대 피우고 와야겠다."

태봉은 쓰린 속을 달래려 담배를 들고 옥상으로 올라가기 위해 자리에서 일어났다. 마침 엘리베이터는 태봉이 있는 5층을 향해 올라오는 중이었다. 아직 7시 30분이 되지 않은 시간. 아마도 경비가 순찰 중이겠지. 땡 소리와 함께 엘리베이터 문이 열리자 태봉은 소스라치게 놀랐다.

"박 대리!"

박 대리, 아니 이제부터 박 과장이라고 불러야 할 동기 박범수가 엘리베이터에 타고 있는 게 아닌가.

"어, 김 대리! 벌써 출근한 거야?"

태봉을 발견한 박범수 역시 얼떨떨하긴 마찬가지였다.

"으응. 어쩌다 보니까 그렇게 됐네."

태봉은 얼굴을 붉히며 뒷머리를 긁적였다.

어젯밤 일이 떠올라 얼굴을 들 수가 없었다.

"그런데 자넨 이 시간에 웬일이야?"

"아, 나야 항상 이 시간에 출근하지."

박범수는 덤덤하게 대답했다.

"버스를 타고 출근하는데, 이 시간에 출근하면 사람도 별로 없고 편하더라고."

박범수는 어깨를 으쓱해보이고는 사무실을 향해 걸음을 옮겼다. 태봉은 박범수와 더 대화를 하고 싶었지만 엘리베이터 문이 닫히는 것을 보고는 그대로 엘리베이터에 몸을 실었다.

30분 뒤 태봉은 회사 앞 편의점에서 간단하게 우유와 샌드

위치로 아침을 때우고 멍하니 사무실 의자에 앉아 있었다. 당장 급하게 처리해야 할 일도 없었기 때문에 무료하게 시간을 보내고 있었다.

"그래, 커피 한 잔 뽑아서 가면 되겠지."

태봉은 자리에서 일어났다. 어제 일을 박범수에게 사과하지 못한 게 못내 마음에 걸렸다. 그는 휴게실에 있는 자판기에서 커피를 두 잔 뽑아 양손에 들고 박범수의 사무실 쪽으로 걸음을 옮겼다. 새벽같이 집을 나섰으니 지금쯤 사무실 의자에 몸을 기대고 쪽잠이라도 자고 있을 게 분명했다. 그런 상황에서 진한 커피 한 잔이면 어제의 말실수는 충분히 넘어갈 수 있으리라.

하지만 태봉은 결국 커피 잔을 들고 박범수의 사무실로 들어가지 못했다. 박범수는 아침잠을 못 잔 퀭한 얼굴이 아니라 이미 업무가 한창인 회사원의 얼굴로 모니터를 주시하며 연신 자판을 두드려대고 있었다.

태봉이 커피를 들고 가 말을 시키면 일하는 데 방해가 될 것 같았다. 태봉은 한참 동안 박범수를 지켜보다가 손에 들고 있는 커피가 차갑게 식을 때쯤 돌아섰다. 그때까지 박범수는 단 한 번도 모니터에서 눈을 떼지 않았다.

태봉은 서 차장과 함께 이른 시간에 출근했지만 지금까지

한 일이라고는 커피 한 잔 마시고 인터넷을 뒤적이며 가십 기사를 훑어보고 옥상에 올라가 담배를 피운 뒤 편의점으로 가서 아침을 해결한 게 전부였다. 사무실로 돌아오는 길에 태봉은 왠지 모를 패배감을 맛보고 있었다.

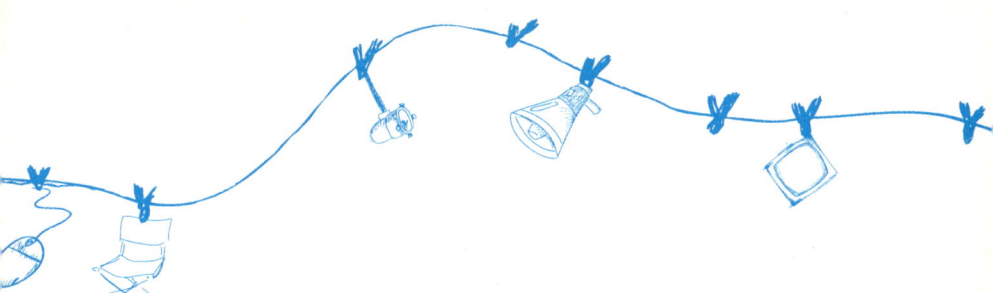

한여름 퍼붓는
소낙비의 위력

"이렇게 일찍?"

잠에서 덜 깬 아내 한지애가 놀라서 물었다. 아직 날이 밝지도 않았는데 태봉이 출근을 하겠다며 부산을 떨었기 때문이다. 태봉은 넥타이를 매면서 거울 너머로 어리둥절해하는 아내를 바라봤다.

"어제 못한 서류정리를 업무 시작 전까지 해놔야 해. 그래서 그런 거니까 자긴 한결이 놀이방에 데려다주고 출근해."

"어제도 그랬잖아. 자기한테 일을 너무 많이 시키는 거 아냐?"

"시킬 만하니까 시키는 거지."

"아침은?"

"지하철 역 앞에서 파는 샌드위치 맛있더라."

태봉은 아침을 못 챙겨줘서 미안해하는 아내를 뒤로 하고 현관을 나섰다. 이른 아침 출근해서 박범수를 만난 뒤 태봉은 3일째 같은 시간에 출근하고 있었다. 그때마다 아무도 없는 빈 사무실에서 혼자 '일삼매경'에 빠져 있는 박범수를 발견할 수 있었다. 박범수는 출근시간의 혼잡을 피하기 위해 그렇게 일찍 출근하는 것이 아니었다. 그는 일하기 위해서 일찍 출근하는 것이었다.

박범수는 직원들보다 두어 시간이나 일찍 회사에 출근해 업무를 시작했다. 때문에 다른 직원들이 막 출근해서 커피를 마시고 잡담을 나누면서 업무를 준비할 때 그는 한참 일에 빠져 있을 수 있었다. 분명 같은 월급을 받는데 저렇게 열심히 일할 필요가 있을까? 그런 생각이 들 정도로 박범수는 일을 많이 하고 있었다.

"일을 정말 열심히, 그리고 많이 하더군요."

사흘 만에 만났는데도 서 차장은 여전히 같은 옷에 기름이 줄줄 흐르는 곱슬머리를 하고 있었다.

"그게 그 친구가 먼저 승진한 이유라고 생각하나?"

"그건….."

서 차장을 바라보는 태봉은 떨떠름한 표정이었다. 그는 박범수에게 밀린 것이 오로지 아버지가 회사 이사와 친분이 있어서라고 생각했다. 자기보다 노력을 더 한다거나 그밖에 다른 이유가 있어서일 거라는 생각은 하지 않았었다. 아니, 하기 싫었다.

하지만 며칠 동안 지켜보니 그게 아니었다. 고작 며칠 동안 박범수를 지켜봤지만 오래전부터 그렇게 일을 해온게 분명했다.

"예."

태봉은 고개를 떨구며 대답했다.

"다행이군. 인정하다니."

"하지만 수긍할 순 없습니다."

태봉은 굳은 얼굴로 대답했다.

"일만 많이 하는 것 때문에 승진한다는 것은 납득할 수 없습니다. 일은 효율 아닙니까? 무식하게 일을 많이 해봐야 무슨 소용이 있습니까."

"그건 그렇지."

서 차장은 자리에서 일어나며 창밖으로 시선을 던졌다. 이미 업무시간이 끝나고 한참이 지난 시간이기 때문에 창밖은 어두웠다. 거리는 네온사인으로 뒤덮혀 있었다.

"자네에게 보여줄 것이 있네. 따라오게."

서 차장은 태봉의 대답을 듣지 않고 사무실 밖으로 발걸음을 옮겼다. 태봉은 어쩔 수 없이 그를 따라갔다.

두 사람이 도착한 곳은 진준혁의 사무실 앞이었다. 비서들은 퇴근했는지 보이지 않았다. 하지만 진준혁의 방에서는 불빛이 새어나오고 있었다. 아직까지 사무실에 있는 게 분명했다.

서 차장이 살짝 문을 열어 안을 살폈다. 진준혁은 서류를 검토하고 있었다.

"보게. 상무이사라는 진준혁, 저 친구도 아직까지 일을 하고 있군."

"대단하군요."

태봉은 문이 열린 것도 모른 채 서류에서 눈을 떼지 않는 진준혁의 집중력에 혀를 내둘렀다.

"나는 저렇게 하지 못했지만, 저 친구는 평사원 때부터 저랬지. 그때도 무척이나 일을 많이 했으니까."

태봉은 서 차장의 말을 들으면서 과거의 진준혁을 바라보는 듯한 착각에 빠졌다. 남들이 퇴근한 뒤에도 자리에 남아서 서류를 꼼꼼히 살펴보고, 자기 업무와 관계된 일정을 일일이 확인하는 이십여 년 전의 진준혁의 모습이 마치 파노라마처럼 태봉의 눈앞에서 펼쳐졌다.

"진준혁, 저 친구는 정말 열심히 일했다네."

서 차장은 태봉의 눈앞에 펼쳐지고 있는 파노라마를 마치 함께 바라보고 있는 듯 조용히 입을 열었다.

"누구보다 먼저 출근했고, 누구보다 늦게 퇴근했지. 나도 저 친구에게 자극을 받아 오랜 시간 동안 많은 일을 해보려고 했네. 그런데 차이가 있었지."

"차이라뇨?"

"일을 열심히 한다는 것은 양적으로나 질적으로나 남들보다 월등하게 일한다는 거지. 저 친구는 단순히 일을 많이 하는 게 아니라 일에 몰입한다는 점이 달랐다네. 책상에 오래 앉아 있으면 일을 많이 하는 것처럼 보일 수 있지. 그런데 그냥저냥 오래 앉아 있는 것과 그 시간 동안 최대한 집중하는 건 결과 면에서 큰 차이가 있네."

서 차장은 여전히 서류더미에서 고개를 들지 않고 있는 진준혁을 바라보며 말했다.

"Less input more output."

"적은 투자로 많은 결과를 낸다, 그런 뜻인가요?"

"그렇지. 모든 회사가 직원들에게 원하는 게 바로 이거라네.

하지만 이게 말처럼 쉬운 게 아니야. 적은 투자로 많은 성과를 내려면 맡은 업무에 '프로'가 되어야 한다네. 신문에서 성공한 사람들의 인터뷰 기사를 보면 그 사람들이 공통적으로 강조하는 것이 있어. 바로 '1만 시간의 법칙'이야."

"한 분야에서 1만 시간 정도를 투자하면 전문가가 된다는 이론 아닙니까?"

"맞네."

서 차장은 만족스러운 듯 고개를 끄덕였다.

"근데 1만 시간의 법칙에 대해 많이들 오해하고 있더군. 1만 시간을 투자하면 누구나 전문가가 된다고 생각하나?"

"이론적으로는 그렇지 않습니까?"

"하루 4시간, 일주일에 20시간을 근무한다고 치고, 한 달이면 80시간, 일 년이면 960시간. 그렇게 따지면 한 가지 업무를 한 사람들은 10년을 넘기면 1만 시간에 근접하게 되는 걸세. 그렇게 1만 시간을 채운 이들이 모두 전문가가 되던가? 모두 프로가 돼서 자기 분야에서 독보적인 존재가 될 수 있던가?"

"그건…."

태봉은 딱히 대답할 말을 찾지 못했다. 어차피 이론과 실제는 다른 것이 아닌가. 게다가 이런 이론이야 그럴듯하게 포장해서 사람들에게 주목을 받으려고 만든 개념일 뿐, 그것을 굳이 현실에 적용할 필요는 없다고 생각했다.

하지만 서 차장의 생각은 달랐다.

"그 이론 자체는 틀림이 없네. 하지만 조건이 충족되어야 하지."

"무슨 조건 말씀입니까?"

"100시간, 1000시간, 단순히 시간이 쌓이는 건 아무런 의미가 없더군. 중요한 건 투자한 시간의 질에 달려 있더라는 거야. 얼마나 집중했느냐가 관건이라는 거지. 집중한 시간이 1만 시간이 되면 분명히 프로가 될 수 있더란 말일세. 책상에 앉아서 딴생각을 하거나 신문을 뒤적인 시간을 일에 투자한 시간이라고 착각하지 말란 말일세. 그것이 바로 10년 법칙으로 발전한다네."

"10년 법칙…"

"한 분야에서 전문가가 되기 위해서는 10년 동안 집중적인 투자를 해야 한다고들 하지. 내가 아까 일주일에 20시간이라고 했던 거 기억하나? 주 5일 근무라고 치면 하루 4시간일세. 4시간 집중 못할까 생각하지만 쉽지 않다네. 그 시간 역시 어떤 이에게는 공허하게 허비한 시간이 되기도 하고, 어떤 이에게는 자신을 담금질하는 소중한 시간이 되기도 한다네. 오래 천천히 일하는 게 아니라 집중적으로 해야 돼. 결국 집중력에

의해 업무 관련분야에서 전문가로 성장하느냐, 아마추어로 남느냐가 결정된다네. 그래서 한 분야에서 일을 막 시작한 초창기에는 특히 집중하는 습관을 몸에 익혀야 해. 그게 안 되면 성공하기 힘들다네."

"집중해서 일하는 것을 습관화하라는 거군요."

태봉의 말에 서 차장은 고개를 끄덕였다.

"세상살이는 건너뛰는 법이 없지. 요행도 없다네. 뿌리지 않고 거둘 수는 없지. 집중하면 결과가 크게 차이가 난다네."

"어떻게 차이가 나나요?"

"시키는 일을 아무 생각 없이 하는 것과 맡겨진 일을 집중해서 처리하는 건 엄청난 차이가 있다네. 시키는 일을 집중하지 않고 처리하면 그 결과물이 상사가 생각하는 범위를 벗어나지 못하지. 하지만 집중해서 처리한 결과물은 상사의 생각 범위를 뛰어넘지. 일을 할 때 시키는 일을 그저 남들도 다 하는 수준으로 처리한다면 그건 시간을 흘려보내는 것에 지나지 않아. 내 발전에는 아무런 도움이 안 되지. 하지만 마치 내 일인 것처럼 집중해서 일을 하면 성과도 대단히 좋고, 게다가 일을 처리하는 과정에서 자기만의 노하우와 기회를 만들어내게 된다네."

"아무 생각 없이 시키는 일만 하는 건 필요 없다는 건가요?"

"회사에서는 바보를 채용하지 않는다네. 너나 할 것 없이 괜찮은 인재들, 똑똑한 인재들을 뽑고 싶어하지. 하지만 똑똑하다는 건 중요하지 않다네. 똑똑한 것보다 더 중요한 건 무엇을 해결할 수 있느냐 하는 거지."

서 차장의 음성은 냉정했다.

"토익 만점을 받은 사원이 있고, 토익 점수는 별로지만 회사 물건을 더 잘 팔 수 있는 마케팅 아이디어를 내는 사원이 있다면 누가 회사에서 더 인정받을지 생각해보란 말일세."

"내수시장을 공략한다면 외국인을 만날 일은 없을 거고, 토익 점수가 그리 중요하지 않을 테니까요."

"무엇을 해결할 수 있는 능력이란 집중해서 일을 처리하면서 만들어지는 능력이라네. 자동차를 모는 경우를 생각해보게. 같은 곳을 수십 번 가도 남이 모는 차를 타고 다니면 아무것도 머릿속에 남아 있지 않지. 하지만 자기가 지도를 보고 지름길을 생각해가며 직접 차를 몰면 한 번만 가봐도 오랫동안 그 길이 머릿속에 남아 있지 않나. 회사에서 일을 처리하는 것도 마찬가지야. 다른 사람이 운전하는 차를 타고 가느냐, 직접 운전해서 더 빠른 길을 찾아내느냐, 거기서 차이가 나는 거지."

"그렇다면 집중해서 일할 수 있는 비결도 있습니까?"

태봉은 서 차장을 바라보며 물었다.

"내가 운전하는 차를 타고 가고 싶은 겐가?"

"아니요. 전 다만 지도를 보고 싶을 뿐입니다."

그러자 서 차장은 2~3년 전에 진 이사가 했다는 말을 그대로 전해주었다.

"솔직히 입사하고 나서 10여 년 정도는 일주일에 100시간 이상까지 일을 한 적도 많았어. 시간이 가면서 업무가 익숙해지고 요령도 생기고 나름의 노하우도 생기니까 효과적으로 일하는 방법을 몸에 익히게 되었지. 하지만 초기에는 엄청나게 일했다네. 내가 얻은 결론은 여름에 폭우가 쏟아지는 것처럼 자신의 모든 것을 투입하는 그런 기간이 반드시 있어야 한다는 거야. 그때 주변 사람들은 나를 보며 '저 친구 진짜 일에 미쳤어'라고 수근거렸지. 그렇지만 나는 나름의 확신이 있었네. 쏟아붓듯이 일에 헌신하는 시간이 없다면, 아무리 오랫동안 꾸준히 일을 해도 전문가 위치에 서기는 힘들다는 거야. 내 판단이 옳았어. 집중력이란 것도 처음부터 생기는 게 아니었다네. 일단 양적으로 엄청난 투입을 하다보니 질적인 면에서 집중력도 함께 성장했지."

서 차장은 당시 진 이사에게서 받았던 메모를 태봉에게 보여주었다.

알파 1 : '한여름 소낙비 퍼붓듯' 일에 헌신한다.

　서 차장은 태봉이 잘 이해하지 못할까봐 걱정되는 듯 다시
설명을 덧붙였다.

　"'10년 법칙'이나 '1만 시간 법칙'은 전문가로 입신하는 데
필요한 최소한의 가이드에 지나지 않는다고 생각하네. 그 이
상의 투입, 그것도 일정 시간에 걸쳐서 이뤄지는 집중적인 노
력이 없다면 자기 분야를 장악하기는 어렵다네. 다들 직장생
활 초년부터 일과 생활의 균형이 필요하다고 하지만, 처음부
터 세상 사람들이 정한 기준을 따르다보면 영원히 일이나 돈
에 허덕거리면서 살아가게 되네. 전쟁을 할 때도 교두보를 확
보해야 이길 수 있지 않은가. 인생도 마찬가지라고 생각해.
일단 교두보를 마련할 때까지라도 세상 사람들이 이야기하는
일과 생활의 균형을 잠시 미뤄두어야 하네."

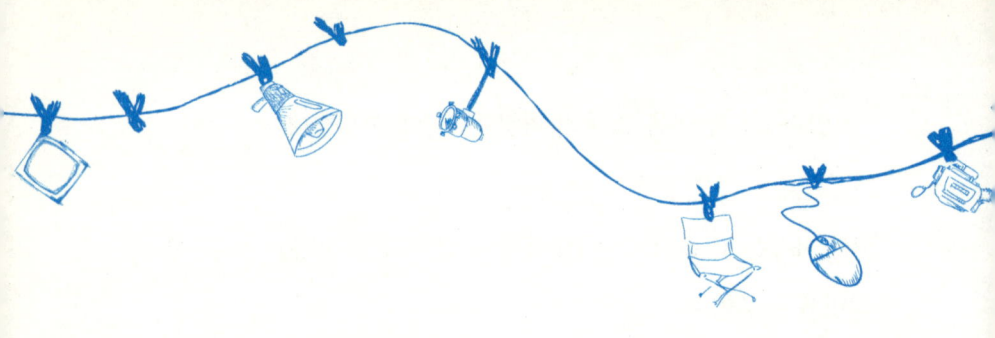

'내 일' 과
'회사 일' 의차이

"수처작주 입처개진 隨處作主 立處皆眞"

서 차장의 입가에 미소가 번졌다.

"어디에 있던지 간에 있는 곳에서 주인이 되어라 하는 뜻이지. 현재 내가 있는 곳에서 마치 내 일처럼 매사를 처리해 나가라는 말일세. 최선을 다하라는 말이지. 그 안에 숨어 있는 뜻은 한마디로 강력한 '주인의식' 이라네."

"주인의식이라…. 회사의 주인은 나라는 생각으로 일하라는 겁니까?"

답답함에 태봉의 목소리가 높아졌다.

최선을 다하라, 주인의식을 갖고 일하라. 이 정도야 누구나 할 수 있는 말이 아닌가. 태봉은 갑자기 맥이 빠졌다.

"나도 한때는 그렇게 생각했다네."

서 차장은 씁쓸한 표정을 지었다.

"회사의 주인은 나라는 말, 교과서에 실리면 딱 맞을 말 아니겠나. 하지만 사회에 나와보니 세상이 교과서대로 돌아가지 않는다는 것쯤은 자네도 잘 알고 있겠지."

"물론입니다."

"회사에 다니면서 주인의식을 갖기는 정말 어렵다네. 힘든 일이지. 왜 내가 회사 주인인가? 진짜 주인인 사장이 있는데 말이지."

서 차장은 입맛을 다셨다. 태봉이 이해를 못할까봐 걱정스러운 표정으로 태봉을 바라봤다.

"스스로를 설득해야 하네. 회사 주인은 사장이지만 내가 하고 있는 일은 회사 일이 아니고 사장 일도 아니다. 바로 나 자신을 위한 일이다. 이렇게 설득해야 한다는 말일세. 회사에서 주어진 일을 할 때 회사 일이라고 생각하면 자연히 소홀히 할 수밖에 없지. 이렇게 생각해보자고. 이건 내 일이다. 내가 이 일을 통해서 무언가를 얻을 수 있을 거다. 그래! 분명히 소중한 것을 얻을 수 있을 거다. 소중한 것을 얻을 수 있느냐 없느

냐는 내가 결정한다. 이렇게 생각할 때 자신도 성장하고 회사
도 성장하는 거라네."

"그런데 무엇을 얻을 수 있는 겁니까?"

"월급 받잖나. 월급 100만 원 받는 직원이 200만 원어치 일
을 할 수 없지. 하지만 월급 100만 원 받고 200만 원어치 일을
하다보면 어느새 200만 원짜리가 되는 거야. 그걸 할 수 있게
해주는 게 바로 주인의식이라네. 그게 자네의 현재와 미래를
구원하는 길이라고 믿게. 저 친구처럼 말일세. 주인의식을 갖
게 되면 달라지는 게 또 하나 있네."

서 차장은 태봉을 바라보며 말을 이어갔다.

"내가 만일 부장이라면, 임원이라면, 사장이라면 어떻게 할
까? 이렇게 생각하게 되지."

"그게 어떤 도움을 줍니까?"

"문제의 해결책을 찾는 데 도움이 되지. 무엇보다 상사가 원
하는 답을 제공할 수 있게 된다네. 일개 평사원으로서 고민하
는 것과 부장으로, 임원으로, 나가서 사장으로서 고민하는 것
은 다를 테니까 말일세. 그렇게 한다면 분명 상사들은, 저 친
구는 정말 달라, 이렇게 생각할 걸세."

"상사 입장에서 생각하는 게 말처럼 쉬운 건 아니잖습니까.
그 사람들 속을 내 마음대로 들어갔다 나왔다 할 수도 없는

노릇이고요."

알파 2 : 주인처럼 일하면 기회가 온다

"내 인생의 주인은 나다, 이런 생각을 가지면 되지. 내가 내
인생과 일의 주인이라는 생각을 갖는다면 회사 일도 마치 자
기 사업처럼 생각될 걸세. 그러면 자신도 성장하고 회사에도
이익을 줄 수 있지. 물론 그것도 쉬운 일은 아니네. 아까 말했
듯이 자기 설득이 계속 필요하지. 열심히 일하다가도 좀 서운
한 일이 있거나 분위기에 휩쓸리다 보면 '받은 만큼만 일하면
되지 내가 왜 더 열심히 해야 돼?' 하는 생각이 슬슬 올라올
때가 많거든. 물론 나도 그랬으니까. 일을 하면서 겪는 모든
경험이 자기 자산을 만들어가는 과정이라는 생각을 못하는
사람들이 많지. 이런 사람들은 아무리 오랫동안 한 분야에서
일을 했다 하더라도 자산이라고 할 만한 게 별로 없다네."

태봉은 그의 말을 들으면서 생각에 잠겼다. 지금껏 내 인생
의 주인은 누구였을까.

"주인처럼 일하다 보면 언젠가 기회가 온다네. 세상이라는
무대의 중심에 설 수 있는 기회 말일세. 그런데 자네, 기회와
함께 오는 게 뭔 줄 아나?"

서 차장은 태봉의 어깨에 손을 얹으며 물었다.

"함께 오다니요? 뭐가 말입니까?"

"바로 불확실성이라네."

"불확실성이라고요?"

"기회는 항상 불확실성과 함께 온다네. 그러니까 불확실성을 감내하면서 도전할 수 없다면 새로운 기회를 이용해서 새로운 길을 만들어가기 힘들지."

"새로운 길이라는 건 무슨 뜻입니까?"

"이런 경우를 한 번 생각해 보자고. 회사에서는 어떤 분야에 새로 진출해야 하는 입장이야. 그런데 새로운 분야에서 성공하기가 여러 가지 여건상 쉬운 일이 아니란 말이야. 모두가 성공하기 힘들다고 평가하는 일이라면 실패해도 욕먹지 않겠지. 하지만 성공한다면 어찌 되겠나? 어려운 일이라는 걸 모두 알고 있는데, 거기서 새로운 길을 개척한 사람은 당연히 높게 평가받겠지."

서 차장은 여전히 서류에 집중하고 있는 진준혁을 바라보며 말했다. 서 차장의 눈빛에는 짙은 후회가 담겨 있었다.

"저 친구의 미래와 내 미래가 이렇게 차이가 난 것도 그때 일이 크게 작용했지. 저 친구는 새로운 길을 개척할 수 있는 준비와 용기를 갖추고 있었거든."

"그때라니요?"

"진준혁, 저 친구가 회사라는 무대의 중심에 서기 시작했을 때를 말하는 걸세."

서 차장은 기억을 더듬듯 천천히 발걸음을 옮겼다. 그리고는 태봉을 향해 물었다.

"내 얘기 하나 들어보려나?"

태봉은 서 차장을 따라 그의 기억의 편린을 뒤쫓기 시작했다.

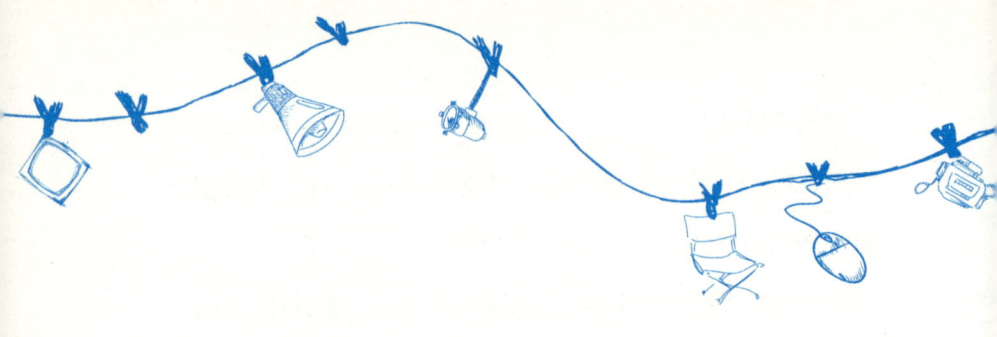

십중팔구
실패한 일에 도전하라

나는 이해할 수가 없었다. 결국 진준혁을 찾아가 물었다.

"실패가 빤히 보이는 일을 왜 맡아서 진행한다고 한 거야?"

나는 채근하는 듯 진준혁에게 물었다. 그는 담담하게 입을 열었다.

"서 대리, 그래서 도전하는 거야."

실패가 빤히 보이기 때문에 도전한다니, 이건 또 무슨 말인가? 분명 멋진 말이었다. 하지만 한편으로는 한심하다는 생각밖에 들지 않았다.

"이봐, 진 대리. 회사생활은 스포츠가 아냐. 너한테 마이너

스가 될 거란 생각은 안 해봤어? 잘못돼서 상사들 눈 밖에 나면 어쩌려고 그러는 거야?"

진준혁, 내 입사 동기 중 가장 먼저 대리로 진급한 친구. 그가 무모한 일을 벌인다는 말을 들었을 때 나는 며칠을 고민했다. 가장 진급이 빠른 동기의 출세를 시기하는 사람으로 비춰지기 싫었기 때문이다.

"그 기획을 성공시키려면 국내 최대 기업이라는 일류정밀을 제쳐야 한다는 거 잊었어?"

"알고 있어. 하지만 우리 기술이라면 한 번 도전해볼 만하잖아. 승산은 충분히 있어."

담담한 진준혁의 대답에 나는 답답함을 감추지 않았다.

"이 답답한 친구야, 정신 좀 차려. 일류정밀은 조선업계에서 프로펠러 관련해서 가장 기술력을 인정받고 있는 회사야. 우리 스타정공은 볼트 너트를 깎다가 이제 겨우 작은 모터보트 프로펠러인 스크류나 만드는 정도란 말이야. 우리가 만드는 스크류는 대형선박에서 사용하는 프로펠러하고는 완전히 달라."

우리가 다니는 회사 스타정공은 얼마 전까지 볼트와 너트를 만드는 회사였다. 그 노하우를 바탕으로 경정용 모터보트에 들어가는 스크류(프로펠러)를 만들기 시작한 지 몇 년 되지 않아 기술력을 인정받았다. 하지만 사장에게는 더 큰 목표가 있었다.

조선사업 분야 진출. 스타정공이 확보하고 있는 스크류 기술력은 신기술로 인정받아 국내는 물론 해외에서 특허권을 획득했다. 하지만 특허와 실제 사업과는 차이가 있었다.

우리 회사가 진출하려는 대형선박의 프로펠러는 이미 국내 최대 기업인 일류그룹의 계열사인 일류정밀이 독점하다시피 하고 있었다. 때문에 스타정공은 막 업계에 뛰어든 신생업체 그 이상도 이하도 아니었다.

게다가 진준혁 대리가 맡겠다는 일은 일류정밀의 최대 거래처인 한성조선에 우리 프로펠러를 납품하는 일이었다. 현재 한성조선은 중국으로부터의 수주물량을 맞추기 위해 대규모 선박 제작을 준비 중이었다.

증권가에서는 한성조선이 일류정밀과 계약을 체결하기 일보직전이라는 소문이 파다했다. 명목상 경쟁 프레젠테이션으로 계약업체를 결정하기로 했지만 이미 분위기는 일류정밀로 기울어져 있었다.

사원들 중 누구도 십중팔구 패배할 일에 나서려고 하지 않았다. 그런데 동기인 진준혁이 무모하게 도전하고 나선 것이다.

"다시 한 번 생각해보게."

나는 더 이상 그를 설득하지 못했다. 아니 하지 않았다고 하는 편이 맞을지도 몰랐다. 진준혁은 동기들 중 가장 먼저 대리 진급을 했고, 이미 상사들에게 꽤나 인정받고 있었다. 그는 내게 있어서 넘어야 할 산이었다.

그가 없었다면 어쩌면 내가 가장 먼저 진급을 했을지도 모른다고 생각했다. 어차피 누군가는 패전투수가 되어야 하는 상황이라면 내 앞을 가로막는 진준혁이 그 자리를 맡아주는 것도 나쁘지 않을 거라는 생각마저 들었다.

하지만 결과는 예상 밖이었다. 진준혁은 밤잠을 자지 않고 일류정밀과 한성조선에 대해 조사했으며 조선업계의 시장 환경이 어떤지 파악했다. 다들 안 된다고 했지만 입찰 결과, 누구도 예상치 못한 큰 거래를 성사시켰다.

그때부터 상사들은 진준혁을 우리 동기들과 다르게 바라보기 시작했다. 심지어 그를 '미스터 해결사', '확실맨'이라고 부르기까지 했다. 그에게 일을 맡기면 확실하게 해결한다는 뜻에서 농담 삼아 부른 별명일 테지만, 그만큼 그가 회사에서 상사들에게 인정받고 있다는 반증이기도 했다.

사람들은 진준혁이 운이 좋아서 성공했다고 말했다. 한성조선이 스타정공의 기술력을 인정하고 주목하고 있던 차에 그가 일을 맡은 것이라고 생각했다.

하지만 나는 달랐다. 나는 입사 때부터 그를 눈여겨봐왔기 때문에 그가 얼마나 많은 일을 하는지 알고 있었다. 심지어 그가 일하는 모습을 보고 따라해보려고 시도해봤기 때문에 운이 좋아 성공한 게 아님을 알고 있었다. 그것이 바로 그의 성공 비결이었다.

진준혁은 책임이 적은 초년 시절일수록 좀더 과감하게 도전하는 자세가 필요하다는 것을 정확히 알고 있었다. 자리가 올라가고 나이를 먹을수록 감당해야 할 위험도 비례해서 증가하기 때문에 직장 초년의 도전은 얼마든지 가치 있는 일이라는 사실을 꿰뚫고 있었다.

"운은 항상 준비하는 자에게 찾아오는 거라네."

예전 이야기를 풀어놓던 서 차장이 태봉을 바라보았다.

"그 친구는 대리직급에 맞지 않게 이미 모든 업무를 파악하고 있었다네. 주인의식을 갖고 양적으로나 질적으로 많은 일을 하지 않으면 불가능한 일이지."

"하지만 냉정하게 생각하면 너무 무모한 도전이 아니었나요?"

태봉은 서 차장을 바라보며 되물었다.

"어차피 회사생활은 스포츠가 아닙니다. 굳이 실패할 일에 도전하는 것은 너무 무모합니다. 성공했기에 망정이지 실패했더라면 너무 많은 것을 잃을 뻔했잖습니까."

"보통 회사원들은 그렇게 생각하지."

서 차장은 태봉의 말을 이해한다는 듯 고개를 끄덕였다.

"그렇게 생각하는 사람들은 대부분 성공과는 거리가 먼 삶을 살고 있다네. 사실 잃을 게 아무것도 없었지 않은가. 누가 도전했다 하더라도 실패할 일이었어. 하지만 그는 이 어려운 거래를 성사시켰다네. 모든 출세는 불확실성에서 나온다네. 누구나 할 수 있는 일에서 '성공'이라는 열매를 따기란 쉽지 않지."

"회사가 그렇게 강조하는 블루오션 말씀하시는 겁니까?"

"그렇지. 누구나 성공할 수 있는 일에 그물을 던져봤자 아무 소용없다네. 그렇기 때문에 모든 기회는 불확실성과 함께 온다고 하는 거야."

"휴우!"

태봉은 숨을 몰아쉬었다.

"집중해서 열심히 일하고, 주인의식을 갖고 불확실성과 함께 오는 기회를 잡기 위해 준비하고…. 그렇다면 박범수 그 친구가 이 모든 걸 알고 있었기 때문에 저보다 먼저 과장이 되었다는 겁니까?"

"그건 알 수 없지. 열심히 일하는 것밖에 모른다고 해도 그게 시작 아니겠는가. 우선 저 친구는 이런저런 일을 시켜봤더니 확실하게 해내더군, 이런 인상을 상사들에게 심어줘야 한다네. 밤낮 가리지 않고 일해서 탁월한 성과를 내는 직원이라는 인상을 상사의 뇌리에 강하게 심어주지 못하면 경쟁에서 뒤쳐질 수밖에 없지."

태봉의 표정이 점점 진지해지고 있었다.

"많은 부하를 거느리고 있는 상사는 부하들 가운데 누구를 밀어줄까 갈등한다네. 상사도 실적을 내야 회사에서 체면이 서고 자신의 승진도 보장되지 않겠나. 어떤 직원이 상사의 눈에 들어올까? 일단은 양적으로 열심히 일하는 모습이 보이고, 또 그러면서도 센스 있게 문제의 핵심을 포착해서 척척 성과를 내는 친구겠지. 저 친구는 내가 밀어줘야겠다, 상사가 이런 판단을 하게 하려면 무엇보다 헌신적으로 일하라고 충고하고 싶네. 그러려면 좀 전에 말했듯이 자신을 설득해야 한다네. 이 일을 통해서 내가 성장할 수 있고 동시에 회사도 좋아질 수 있다는 윈-윈에 대한 확신이 있어야만 가능한 일이야."

서 차장은 태봉의 어깨에 손을 얹으며 말했다.

"내 경험을 보더라도 정말 열심히 하는 친구구나 하는 이미지를 갖고 있는 부하직원에게 언제나 높은 점수를 준 것 같네. 물론 나는 그렇게 하지 못했지만 말일세. 상사에게 감동을 줄 수 있을 정도로 열심히 헌신적으로 일해야 한다네. 마치 내 일처럼 말일세. 성공은 알파에서 출발한다네."

"알파의 시작이라…."

태봉은 혼잣말처럼 중얼거렸다. 그리고 다시 한 번 확인하듯 물었다.

"열심히 일하는 것, 헌신적으로 내 일처럼 일하는 것. 그것만으로 정말 성공할 수 있을까요?"

"아니! 그건 시작일 뿐이라고 말했지."

서 차장은 태봉의 어깨에 얹어 놓은 손에 힘을 주며 말했다.

"그것만으로 성공하기에는 회사생활이 만만치 않다는 건 자네도 잘 알고 있지 않나?"

"그럼 성공의 비결이라는 알파가 그것 말고도 또 있다는 겁니까?"

"물론이라네."

"또 뭡니까?"

"곧 알게 될 걸세."

서 차장은 미소를 지어 보였다.

상사의 신임을 얻는 5계명

의사결정권자가 승진 대상을 선택할 때 '저 친구는 확실히 달라'
라는 생각이 자연스럽게 들도록 만들어야 한다. 그 비결은 선택되
는 자가 경쟁자들과 확연히 다른 특징을 보일 수 있는가에 달려 있
다. 이는 과거나 현재 그리고 미래에도 별반 달라지지 않을 것이
다. 이를 위해서는 지속적으로 밀어붙이는 에너지와 신체적 스태
미나가 필요하다.

1. 머리보다는 엉덩이가 중요하다.

뛰어난 지식이나 순발력이면 상사의 신임을 받는 데 충분하다고
생각하는 사람들이 있다. 하지만 지속적으로 '나는 다르다'는 사
실을 각인시키는 데는 여전히 강인함, 지구력 그리고 지칠 줄 모르
는 스태미나가 더 중요하다. 지칠 줄 모르고 일을 밀어붙이는 끈기
가 똑똑함을 이길 때가 많다.

2. '놀라울 정도로 열심히 한다'는 평판을 얻어야 한다.

질적인 노력도 중요하지만 이에 못지않게 중요한 것이 양적인 노
력이다. 질적인 노력은 드러내기 쉽지 않지만 양적인 노력은 누구

나 쉽게 확인할 수 있다. 때문에 권력을 쥐는 데 성공한 사람들은 자발적으로 녹초가 되도록 일한 사람들이다.

3. 자기 나름의 일하는 방식을 찾아내야 한다.

이른 아침 출근, 늦은 퇴근, 주말 근무 등은 모든 사람들이 꺼리는 일이다. 늘 그렇게 할 수는 없지만 자신이 무엇을 차별화할 수 있는지를 생각해야 한다. 남들과 똑같이 일하는 패턴을 고수하면 감동을 만들어낼 수 없다. '저 친구는 이 시간에도 나와서 일을 해!' 라는 감동을 이따금 안겨주어야 한다.

4. 버릴 수 있어야 집중할 수 있다.

추구해야 할 분명한 목표에 집중하고 나머지 부차적인 목표는 모두 주요 목표에 철두철미하게 종속시켜야 한다. 모든 일을 다 잘할 수는 없다. 자신이 집중해야 할 일을 선택하고 이에 자신이 가진 모든 에너지를 집중할 수 있어야 한다. 권력을 얻는 데 성공한 사람들은 대부분 집중력이 뛰어나다. 그들은 자신이 집중해야 할 대상을 면밀히 선택하고 이것을 달성할 때까지 밀어붙이는 데 익숙하다. 처음에는 '반드시 해야 한다'라는 의무감에서 시작되지만 점점 '내가 하고 싶어서 한다'는 자발성으로 변하게 된다.

5. 열심은 반드시 전염되게 마련이다.

어떤 사람이 열심히 한다는 것은 좌우로 상하로 영향을 미치게 된다. 경쟁자들에게 불편함을 줄 수 있지만 의사결정권자들에게는 감동을 주게 된다. 무엇보다도 열심은 전염성이 강하기 때문에 주변 사람들에게 역할 모델을 제공하게 된다. 불편해하면서도 '저렇게 열심히 할 수 있구나' 라는 평판은 주변 사람들에게 긍정적인 영향을 미치고 이는 상사들이 의도하는 바를 충족시키게 된다.

제 4 장

허당 태봉, 포커페이스는 정말 어려워!

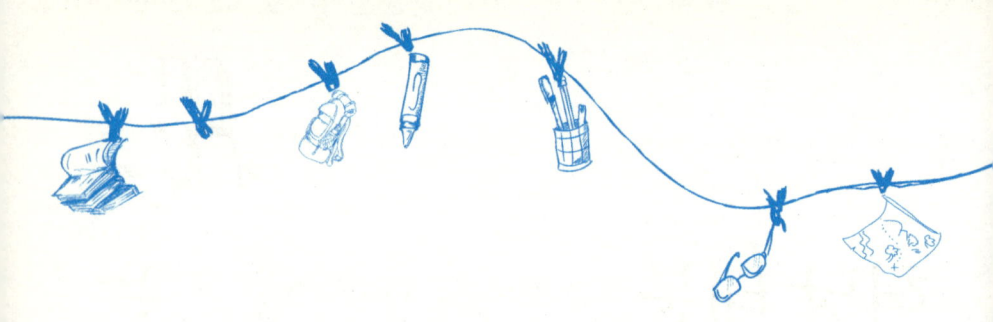

산 넘어 산

"요즘 당신 변한 거 알아?"

벌써 한 달 이상 한 시간 일찍 출근하고 있는 태봉을 보며 아내 한지애가 물었다.

"뭐가?"

"너무 열심히 일하잖아. 근데 피곤해 보이기는커녕 에너지가 넘쳐."

"신랑이 힘이 넘치는 게 싫어?"

"으이구! 내가 얼마 전 인사부장님이 다른 부서 팀장님과 옆 테이블에서 식사하면서 나누는 얘기를 들었는데, 깜짝 놀랐어."

한지애는 태봉의 눈을 보며 조심스럽게 말을 이어나갔다.

"회사는 약육강식이 지배하는 정글이라는 걸 실감했다니까."

"나도 그 정도는 알아. 그래서 직책이 있고, 서열이 있는 거 잖아."

"자기도 알다시피 이제 연공서열식 인사는 끝났잖아. 능력 위주의 시대잖아. 그런데 두 사람 이야기를 들어보니 상사들 은 튀는 부하직원을 그리 달가워하지 않더라고. 특히 일을 열 심히 한다거나 능력이 뛰어난 부하직원은 심하게 경계하더라 구."

"하하하!"

태봉은 아내의 말에 크게 웃었다.

"일 잘하고 능력 있는 부하직원이 있으면 좋잖아. 일 시키기 도 좋고 성과도 나올 테니까. 안 그래? 나 요즘 부장님한테 인 정받는 분위기라고."

태봉은 며칠 전의 일을 떠올리며 어깨를 으쓱거렸다. 영업 부장은 영업1팀 직원들에게 영업2팀에서 밀고 있는 신제품의 마케팅 방안을 고민해보고 아이디어가 있는 직원은 마케팅 기획안을 내보라고 말했다. 태봉은 예전 같으면 콧방귀를 뀌 었겠지만 그 말을 듣고 기회라는 생각을 했다. 일주일 동안 일과가 끝난 뒤에 마케팅 기획안에 필요한 자료를 찾고 시장 조사를 한 결과 드디어 기획안을 완성했다.

처음으로 남들보다 더 많이, 더 집중해서 일한 노력의 결과물이었다. 다행스럽게도 영업부장이 태봉의 마케팅 기획안을 높게 평가하면서 사무실에서 칭찬도 해주었다. '보기에는 멀쩡한데 허당이라 걱정했는데. 서 대리가 이제야 빛을 발휘하네. 여태까지 일부러 허당처럼 보였던 거 아냐.' 라며 농담도 건넸다.

"한지애 여사. 조금만 기다려. 조만간 나도 과장 소리 듣는 날이 올 테니까."

"그러니까 그게 튀는 거라고."

"일 잘하고 유능한 직원이 뭐가 문제야?"

태봉의 자신만만한 태도에 한지애는 걱정스러운 듯 말했다.

"뒤통수를 때리는 사람도 그 일 잘하고 유능한 부하직원이야. 우리 재무팀장 기억 안 나?"

그녀의 음성은 단호했다.

"지금 웬만한 상사들은 다 그렇게 생각하고 있어. 두 사람도 이야기 중간에 그런 말을 했어. 유능한 직원을 조심하라고. 당신 명심해. 너무 나대서 괜히 미운털 박히지 말라고. 벌써부터 당신네 팀장이 당신 견제한다는 소문이 파다해."

"누가 그래?"

"우리 회사 여직원들, 대부분 내 정보통인 거 몰라?"

맞는 말이었다. 한지애는 여직원들 사이에서 능력 있는 선배로 이름이 나 있었을 뿐 아니라 세심한 배려심 때문에 웬만한 여직원들과 좋은 관계를 유지하고 있었다.

과장이 태봉을 견제한다는 말은 영업부서 여직원들 입을 통해 흘러들어간 말이 분명했다. 그리고 그 소문은 아마 사실에 가까울 것이다.

회사로 향하는 출근길 내내 태봉은 가슴이 두근거렸다. 만일 팀장이 태봉에게 좋지 않은 생각을 갖고 있다면? 태봉에게 치명적이었다. 직속상관의 평가는 절대적이기 때문이다. 그것을 확인하는 데는 그리 오래 걸리지 않았다.

점심식사 후 회사 옥상에서 입사 동기들이나 비슷한 직책의 사람들끼리 시간을 보내는 경우가 많다. 흡연자들은 재떨이 주위에 모여 잡담을 나누고, 담배를 피우지 않는 사람들은 등나무 그늘 아래 모여앉아 잠깐의 휴식을 즐기곤 한다.

물론 그 자리에서 특별히 중요한 대화를 나누지는 않았다. 듣는 사람들이 많기 때문에 서로 말을 아낀다.

하지만 비가 오는 날은 달랐다. 비가 오는 날의 옥상은 한산

했다. 비 오는 날 옥상에 있는 재떨이 주위에 우산을 쓰고 모여서 나누는 대화는 대부분 평소 옥상에서 나눌 수 없는 대화가 많았다.

그날 역시 그랬다. 태봉은 거래처와 면담 시간이 변경된 사실을 알리기 위해 팀장을 찾아 옥상으로 올라갔다. 그때 하늘에 구멍이라도 난 듯 비가 쏟아지고 있었고, 옥상은 한가했다.

"요즘 먹고살기 힘들어 죽겠다. 아래서는 치고 올라오지, 위에서는 쪼지. 성질 같아선 사표 내던지고 훌훌 털어버리고 싶은데 집에서 나만 쳐다보고 있는 처자식 생각해서 그러지도 못하고."

"이게 우리 팔자라는 거지. 내가 편하게 사는 방법 하나 알려줄까? 월급받는 만큼 일하면 되는 거야. 괜히 스트레스받지 말자고."

몇 명이 모여 잡담을 나누고 있었다. 태봉이 막 옥상 출입구에 도착해 팀장을 부르려고 할 때였다.

"서태봉, 그 자식! 조만간 위에 얘기해서 어떻게든 계열사로 내려 보내야겠어."

"……!"

태봉은 그 자리에서 얼어붙고 말았다. 자신의 이름을 언급한 사람은 직속상관인 김치국 팀장이 분명했다.

비록 비가 많이 오고 있었지만 김치국의 목소리가 워낙 컸기 때문에 똑똑히 들을 수가 있었다. 고작 대리가 본사에서 근무하다가 계열사로 내려간다는 것은 무시무시한 좌천이었다. 이제 막 성공의 길을 향해 발걸음을 내딛은 태봉에게는 치명적인 일이 아닐 수 없었다. 태봉은 조용히 그들의 대화에 귀를 기울였다.

"이놈이 감히 내 밥그릇에 숟가락을 얹겠다고 덤벼들잖아. 주제 파악도 못하고 말이야."

"무슨 일이 있었는데?"

아마도 함께 대화하고 있는 이는 김치국의 동기인 해외사업부 최 팀장이 분명했다.

"이놈이 약을 먹었는지 한 달 전부터 미친 듯이 일을 하더라니까. 며칠 전에는 시키지도 않은 일을 해서 부장 앞에서 내 꼴을 우습게 만들더라니까."

태봉은 당장 나가서 해명하고 싶었다. 열심히 일해서 제대로 인정받고 싶었을 뿐이라고. 직속상관인 김치국을 곤란하게 하고 싶은 마음은 전혀 없었다고. 그렇게 받아들이면 오해라고 말하고 싶었다.

"일주일 전이던가, 회식자리에선 아주 꼴값을 떨더구먼. 성공하고 싶다더라. 성공하기 위해서 열심히 노력할 테니까 잘 지켜봐달라고 하더라니까."

"하하하! 그 자식 귀엽네. 아예 직속상관 앞에서 널 잡아먹을 테니까 목 씻고 기다리라고 말하라고 그러지 그랬어."

"야, 술이 떡이 돼서 나불거리는데 거기다 대고 뭐라고 하냐?"

태봉 역시 그때 일을 기억하고 있었다. 단지 직속상관에게 이제부터 어영부영 일하지 않고 열심히 일하겠다는 각오를 말한 것뿐인데. 이게 눈 밖에 날 일인가. 오히려 격려해줘야 할 일 아닌가.

머릿속이 혼란스러웠다. 서 차장이 말한 알파 중 첫걸음만 내디뎠다. 많이 일하고, 집중해서 일하는 것을 실천했을 뿐이다. 그리고 '이 친구는 정말 열심히 일하는 친구네.' 라는 인상을 주기 위해 그렇게 말한 것 뿐인데 상사는 자기를 건방진 놈이라고 뒤에서 욕을 하고 있다.

이대로 가다간 성공은커녕 실패할 게 뻔했다. 태봉은 그 길로 자재과로 달려갔다.

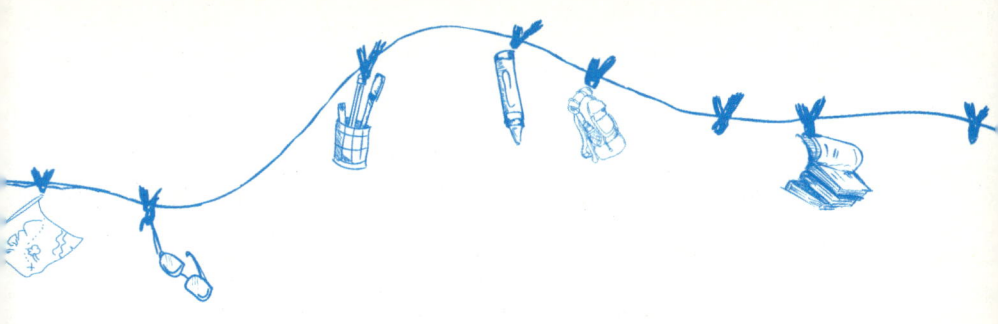

상사에게 찍히면
회사생활이 두 배로 힘들다

"그래서 말하지 않았나. 직장에서 성공하는 게 만만치

않을 거라고 말일세."

태봉의 말을 들은 서 차장은 빙그레 미소를 지었다.

"전 서 차장님 말씀 듣고 망했습니다. 직속상관한테 밉보이

면 끝장 아닙니까, 끝장!"

서 차장의 미소가 오히려 태봉을 더 답답하게 만들었다. 서

차장은 그런 태봉을 빤히 바라보며 말했다.

"자네가 두 가지 실수를 했기 때문에 이런 결과가 생긴 거

라네."

"두 가지 실수라뇨?"

"첫째, 성공하겠다는 야망을 드러낸 거. 두 번째는 상사가 자네를 견제하게 만들었다는 거지. 회식자리에서 성공하겠다고 공언한 건 야망을 드러낸 거야. 그리고 영업2팀 마케팅 기획 건으로 팀장의 상사인 부장에게 칭찬을 받았네. 물론 그게 나쁜 건 아니야. 문제는 부장에게 자네가 칭찬받는 걸 보고 팀장이 자네가 더 인정받고 있다는 생각을 했다는 거지. 자네는 팀장이 그렇게 생각하도록 원인을 제공했어. 그러니까 팀장이 자네를 견제하게 만들었다는 말일세."

"아니, 성공을 위해서 열심히 일하라면서요? 그리고 인정받으라면서요?"

태봉의 얼굴은 울상이 됐다.

"야망이 있어야 열심히 일하는 거 아닙니까? 열심히 일하겠다고 말하는 것도 죄가 됩니까?"

"그건 좀 다른 문제라네. 야망이 있는 사람이 꼭 헌신적으로 일한다는 보장은 없어. 물론 성공하겠다는 강한 마음을 갖고 있는 것은 중요하지. 거기엔 잊지 말아야 할 맹점이 있다네."

"맹점이라뇨?"

"숨겨야 한다는 거."

"숨기다뇨? 뭘요?"

"기필코 성공하겠다는 의지를 갖고 열심히 노력하고 일하는 건 좋아. 하지만 여기저기 떠벌리고 다닐 필요는 없지. 반드시 성공하겠다고 자기 자신과 굳게 약속하는 것만으로도 충분하단 말이야."

태봉은 받아들일 수가 없었다.

"금연을 결심하면 주위 사람들에게 금연 결심을 말하잖습니까? 그렇게 해야 자기 결심을 더 굳건하게 한다고 말입니다. 그것처럼 성공을 위해 열심히 노력하겠다고 주위 사람들에게 말하면 스스로를 더 채찍질하게 되지 않을까요?"

"금연은 지극히 개인적인 일이야. 누군가가 금연해서 건강해진다고 해도 내게 손해날 건 아무것도 없지. 그렇기 때문에 주위 사람들은 기꺼운 마음으로 누군가의 금연을 응원해줄 수 있는 거야. 하지만 출세나 승진은 어떤가? 누군가가 출세하는 기회를 잡게 되면 그 기회를 놓치는 사람이 생기게 마련이지."

서 차장은 단호하게 다음과 같이 힘주어 말했다.

"가능한 한 자신의 야망을 철두철미하게 숨기는 거라네. 열심히 일하지만 별달리 욕심이 없는 사람처럼 보이는 것이 중요해. 왜 알잖아, '포커페이스'란 말. 속내를 잘 드러내지 않는다는 건 별로 좋지 않은 분위기를 품길 수도 있지만 그래도 그런 노력이 필요해. 열심히 하다 보면 바깥으로 알려질 수밖에 없어. 하지만 자기 입을 통해서 '나는 무엇이 되고 싶다' 같은 말을 절대로 내뱉지 말게. 방심은 금물이야."

서 차장은 담담하게 말을 이어갔다.

"더군다나 회사라는 조직사회는 상사의 영향력이 강한 곳이라네. 상사가 봤을 때 아랫사람이 열심히 헌신적으로 일을 하기는 하는데 내 밥그릇을 빼앗고 나를 제치려는 목표를 갖고 있다면 어떤 기분이 들겠나. 열심히 일하는 부하직원을 보면 처음에는 '나도 저 시절에 저렇게 열심히 일했으면 지금보다는 더 출세했을 텐데' 하면서 자기를 반성하겠지. 하지만 나중에는 어떻겠나?"

"위기감 같은 게 느껴지겠군요."

태봉은 김치국을 떠올리며 말을 계속했다.

"하지만 김 팀장은 영업부 팀장이긴 하지만 회사 전체에서도 능력을 인정받는 사람입니다. 다른 회사에서 우리 회사로 이직한 지 얼마 안 되서 팀장 타이틀을 달고 있을 뿐이죠. 저 따위를 위협이라고 생각할 만한 사람이 아닌데요."

"나도 그 친구 얘기는 많이 들어서 잘 알고 있네."

서 차장은 고개를 끄덕였다.

"하지만 어느 조직이든 치열한 경쟁을 뚫고 성공하는 이들은 성취욕이 대단하지. 나쁘게 말하면 욕심쟁이들이야. 일에 대한 욕심뿐만 아니라 자기를 드러내는 데도 욕심이 많지. 그렇다 보니 자기의 존재가치를 조금이라도 퇴색시킬 만한 사람을 곁에 두려고 하지 않는다네. 경쟁자가 될 수 있다고 판단하는 사람은 아예 싹부터 잘라버리지. 그게 바로 치열한 경쟁에서 살아남을 수 있는 방법이라네. 자기를 지키려는 건 인간의 기본 심리이기도 하지."

"……."

"모든 사람은 질투심과 시기심을 갖고 있다네. 물론 그렇지 않은 사람도 있겠지만 대부분은 열심히 일하는 부하직원에게 묘한 이중적인 감정을 갖게 된다네. '정말 대단한 친구야' 하고 생각하다가도 '저렇게 열심히 일하니 조만간 내 밥그릇 빼앗겠군' 하고 생각할 수 있다는 걸 명심해야 한다네. 상사들이 그런 생각을 하고 견제하면 직장생활이 쉽지 않을 거야."

"하지만 전 인정할 수 없습니다."

태봉은 서 차장의 말에 동의할 수 없다는 듯 강한 어조로 말했다.

"어차피 직장생활을 하는 사람들이라면 출세하고 싶어합니다. 그걸 말했다고 해서 성공하기 곤란하다는 건 너무 불합리합니다."

어차피 사회는 약육강식의 경쟁사회가 아닌가. 회사라는 집단은 이윤을 남기기 위해 존재하는 곳이고, 일을 많이 하고 성과를 내면 높게 평가받는 곳이다. 굳이 입 밖으로 내뱉지 않더라고 누구나 성공을 간절히 원한다는 것을 모를 리 없다. 그런데 성공하기 위해서 일을 많이 하고, 남들보다 좀더 노력한다고 해서 상사의 견제 대상이 된다면 누가 그렇게 하겠는가.

서 차장 말대로 상사의 눈 밖에 나면 회사생활이 쉬울 리 없다. 부하직원을 평가하는 사람도, 능력을 발휘할 수 있는 기회를 주는 사람도 상사다. 그런 상사가 견제를 한다면 성공은 손에서 멀어지게 될 것이다.

태봉은 혼란스러웠다. 알파의 시작은 상사에게 감동을 줄 만큼 많은 일을 하는 것이라는 말을 듣고 난생 처음 새벽부터 늦은 밤까지 일을 했다. 그런데 이제 와서 그렇게 해서는 성공할 수 없다는 말을 듣게 되다니.

"아까도 말했지만 성공에 대한 각오는 자신과 약속하는 것으로 충분하다네. 그리고 성공의 비결인 알파는 한 가지가 아니라고 말했지? 일곱 가지라네. 아마 곧 세 번째 알파를 자네 스스로 깨닫게 될 걸세."

태봉은 서 차장의 말에 무수히 많은 질문이 떠올랐다.

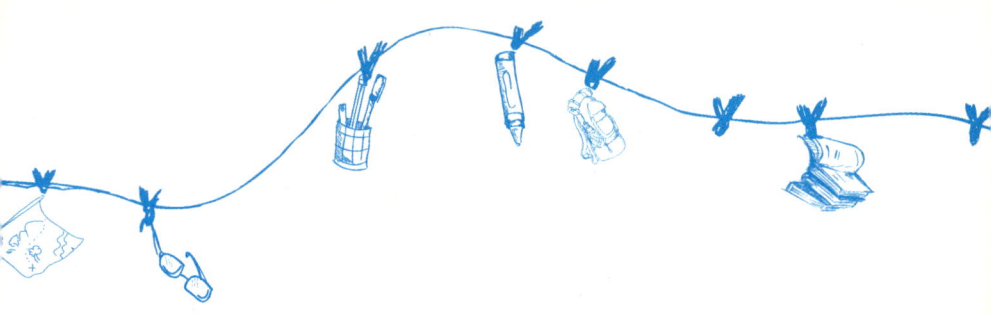

강남철 소장이
좌천당한 이유

"젠장, 이놈의 교통지옥. 낮 시간에도 막히네."

강남철은 눈살을 찌푸리며 투덜거렸다. 본사에 들어가는 날은 언제나 기분이 불쾌했다. 게다가 서울의 교통은 또 왜 이리 협조를 안 해 주는지. 더욱이 오늘은 각 지역 영업소장들을 모아놓고 본사 상무이사가 지시사항을 직접 전달한다는 소식을 전해 들었기에 교통체증이 더 짜증스러웠다.

강남철은 들썩이는 배가 터질 정도로 깊게 숨을 들이마셨다가 내뱉었다. 예전부터 뭔가 마음에 들지 않는 일을 해야 할 때 스스로를 다독이는 그만의 방법이었다.

"그래, 먹고살려면 간 쓸개 다 내줘야 하는 법이지."

강남철은 호기롭게 본사를 향해 걸음을 옮겼다.

"어서 오십시오. 제가 안내하겠습니다."

한지애는 강남철을 향해 인사를 하고 그를 안으로 안내했다. 걸음을 옮길 때마다 뱃살이 출렁거렸다. 그는 연신 흐르는 땀을 닦고 있었다.

한지애는 재무부서 과장으로서 영업소장 회합을 주관했다. 가장 늦게 도착한 강남철을 대회의실로 안내하는 일도 한지애의 몫이었다.

"한 과장이 직접 마중을 나왔네. 허허허."

강남철은 너털웃음을 지으며 한지애의 어깨를 다독였다. 보통 영업소 소장이라면 본사 재무부서 과장에게 이렇게 행동하는 게 어울리지 않겠지만 강남철은 스스럼이 없었다. 한지애 역시 강남철이 본사 출신에 진준혁 이사와 입사 동기라는 사실을 알고 있었기 때문에 후배를 대하듯 편하게 행동한다고 이해했다.

회의실 안으로 들어간 강남철은 다른 사람들의 시선이 모두 집중될 정도로 큰 소리를 내며 안면 있는 이들에게 다가가 악수를 청했다. 육중한 덩치를 이리저리 흔들면서 사람들 틈을 비집고 들어가는 그의 모습은 마치 개선장군 같았다.

한지애는 강남철이 본사에서도 실력을 인정받는 영업맨이었는데 어떤 사건으로 인해 지방 영업소로 발령을 받았다는 얘기를 대강 들어 알고 있었다. 하지만 거기서 무너지지 않고 자기가 맡은 영업소를 전국 세 손가락 안에 꼽히는 실적을 올리는 영업소로 만들었다는 얘기도 들었다.

그의 자신감은 그런 데서 기인한 것이리라. 하지만 한지애는 강남철과 악수를 나누는 다른 영업소 소장들의 얼굴에서 부담감을 발견할 수 있었다. 그것 역시 강남철의 넘치는 자신감에 눌렸기 때문일 것이라고 생각했다.

넓은 대회의실에서 이루어진 각 지역 영업소장들의 회합은 그리 오래 걸리지 않았다. 어차피 실무를 담당하는 직원들이 아니라 영업소를 운영하는 소장들의 모임이다 보니 구체적인 사안을 언급하기보다는 어려워진 내수시장을 극복하기 위한 단합대회 성격이 강했다.

진준혁은 몇 마디 격려의 말을 건넨 후 회의시간 내내 자리에 앉아 있었다. 한지애는 강남철이 진준혁에게 단 한 번도 시선을 보내지 않는다는 것을 알 수 있었다. 아마도 같은 입사 동기인데 진준혁은 상무이사가 되었고, 자신은 지방 영업소 소장이라는 자격지심 때문이리라.

"젠장, 저 자리에 내가 앉아 있어야 하는데…."

회의가 끝날 때쯤 강남철은 혼잣말처럼 중얼거렸다. 그는 회의실 앞에서 영업소 소장들을 감시하듯 뻣뻣한 자세로 앉아 있는 진준혁이 마음에 들지 않았다. 더군다나 같이 회사를 다니던 시절에 그는 분명히 진준혁보다 훨씬 많은 일을 처리했고 남들이 상상도 못하는 탁월한 성과를 올렸다고 자부했다.

그런데 이십 년이 지난 지금의 상황은 전혀 예상 밖이었다. 자기보다 일처리 능력도 떨어지고, 그렇게 많은 실적을 내지도 못한 진준혁이 상무이사라는 자리에 앉아 자신을 내려다보고 있다.

그러니 마음에 들 리가 없었다. 그때 마침 주위를 둘러보던 진준혁의 시선과 강남철의 시선이 마주쳤다. 강남철은 순간 고개를 돌릴까 하는 생각이 들었지만 그렇게 하지 않았다. 고개를 뻣뻣하게 치켜세운 채로 진준혁의 시선을 마주 대했다. 입사 동기가 상무이사가 되었다고 해서 피하거나 주눅 든 모습을 보여주고 싶은 마음은 없었다. 그게 더 구차하게 보일 것만 같았다.

"쳇, 지가 별 수 있겠어."

진준혁이 고개를 돌리자 강남철은 비웃듯 혼잣말로 중얼거렸다. 마치 진준혁이 자신과 시선이 마주치는 것을 부담스러워 한다는 듯한 말투였다.

한지애가 보기에는 뻣뻣하게 고개를 치켜든 채 상대를 노려보던 강남철과 달리 진준혁은 무심한 표정으로 시선을 거두어들였다. 별로 관심 없다는 표정이었다. 하지만 강남철은 마치 싸움에서 이겼다는 듯 벌겋게 상기된 얼굴로 진준혁을 계속해서 노려보고 있었다.

강남철은 스스로 그만큼 당당하다고 생각하고 있었다. 강남철이 생각하기에 능력에서 밀려 출세하지 못한 게 아니었다. 진준혁만큼 상사들의 비위를 맞추지 못했기 때문이었다. 그러니 자기가 기죽을 일이 아무것도 없다고 생각했다.

단 하나 마음에 걸리는 것이 있다면 지금 현재의 위치 때문에 사람들이 자기를 진준혁보다 능력이 떨어진다고 생각한다는 것이었다. 생각이 거기까지 미치자 울화통이 터졌다. 그는 이를 갈았다.

'그때 날 질투하던 상사들만 없었어도….'

회의가 끝나자 강남철은 몇몇 소장들이 권유하는 술자리를 뿌리치고 본사 건물 앞에 서 있었다. 누군가를 기다리는 듯 주위를 두리번거리고 있었다.

"좀 전에 와이프를 우연히 회의실 앞에서 만났는데 저 분 얘기를 하더군요."

로비에 있던 태봉은 밖에 서 있는 강남철을 바라보며 서 차장에게 말했다.

"상사들 때문에 좌천되셨다고 하던데."

"저 친구 역시 대단했다네."

서 차장은 고개를 끄덕이며 대답했다.

"진 이사도 못 따라갈 만큼 열심히 일을 했지. 사람들은 강 소장을 워커홀릭 환자라고 불렀다네. 어느 정도였는지 짐작이 되나? 그 사람 원대한 포부를 갖고 있었지."

"그런데 어째서 진준혁 이사와 현재 위치가 저렇게 차이가 나는 겁니까?"

태봉은 알아야만 했다. 알파의 시작이 질적, 양적으로 많은 일을 하는 것이라는 말에 비춰보면 두 사람의 위치가 이렇게 뒤바뀐 게 설명이 되지 않았다. 그리고 그것이 서 차장이 말한 세 번째 알파와 연관이 있을 거라는 막연한 기대감마저 들었다.

"한 사람은 스타정공이라는 회사에서 평사원으로 출발했지만 결국 스타정공이 성장한 후 스타그룹의 이사가 됐네. 그리고 다른 한 사람은 스타정공에서 역시 평사원으로 출발해서 많은 일을 하고 능력을 인정받았네. 하지만 스타그룹이 탄생하면서 지방 영업소로 좌천을 당했지."

서 차장은 태봉의 의문을 충분히 짐작한다는 듯 자세하게 설명을 해주었다.

"강남철, 저 친구는 욕심이 많았네. 그만큼 실력도 있었고 노력도 했다네. 물론 자네가 예전에 얘기했듯이 누구나 출세하고 싶은 욕심을 갖고 있는 건 당연한 거지. 하지만 저 친구가 실수한 것이 있었네. 상사들에게 건방지다는 인상을 준 거지."

"능력만 믿고 상사들에게 무례하게 굴었군요."

"무례하게 굴진 않았다네. 다만 자기 야망을 너무 쉽게 드러낸 거지."

"야망을 드러냈다면…."

"성공하겠다는 약속을 자기 자신하고만 한 게 아니라 여기저기 떠벌리고 다닌 거지. 나는 이 회사 사장이 꿈이다, 이러고 다녔으니까. 그만큼 능력이 있었기 때문에 사람들은 강남철이 하는 말을 허투루 듣지 않았네. 어떻게 됐겠나?"

태봉은 아무 대답도 하지 못하고 뚱한 표정으로 문 앞에서 서성이는 강남철을 힐끔 쳐다보았다. 서 차장은 태봉의 대답을 기다리지 않고 말을 이어갔다.

"회사생활에서 성공하는 사람과 성공하지 못하는 사람이 분명히 있지. 내가 지금 어떤 자리를 차지하고 있다고 해도 누가 치고 올라올지 모르는 거야. 상사 자리에 앉아 있는 이들은 그 사실을 잘 알고 있다네. 그런데 대놓고 '널 제치겠다' 고 덤벼드는 부하직원이 있다면 어떨 것 같나?"

"아무리 능력우선인 회사 안에서라도 그건 좀…."

"그런 이유에서 상사들은 강남철 저 친구에게 호의적일 수가 없었지. 상사가 도와줘도 시원치 않을 판에 삐딱한 시선으로 바라보니 사사건건 부딪혔어. 회사 입장에서는 평사원이 아무리 일을 잘하고 능력이 있어도 관리자가 더 중요한 법이라네. 결국 저 친구는 지방으로 발령받아 내려갔고 다시는 본사로 돌아올 수 없었다네. 아직도 예전 상사들이 스타그룹에서 버티고 있거든. 물론 능력 있고 노력하는 친구기 때문에 그나마 지방 영업소장이 될 수 있었던 거지. 하지만 그가 그렇게 간절히 원하던 출세의 길에서는 멀어진 거지."

태봉은 강남철을 바라보며 안타까운 표정을 지었다.

"능력 있고 노력도 했지만 결국 '정치'를 잘못한 거네요. 하지만 그건 너무 불합리하지 않습니까?"

"어차피 사람들 사회에는 '정치'란 게 없을 수 없네. 단 세 사람이 모여도 갈등과 반목이 생기지 않나. 설마 그런 세상이 되어서는 곤란하다는 말을 하고 싶은 겐가?"

태봉은 말없이 고개를 끄덕였다.

"아직 젊군."

서 차장은 미소를 지었다.

　"그런 세상이 되어서는 곤란하다는 믿음과 세상이 실제 돌아가는 모습은 아무 상관이 없지. 세상은 자네가 바라는 모습이 아니라 원래 있는 그대로의 모습으로 돌아가는 법이거든."

　태봉은 뭔가 반박하고 싶었지만 기회가 없었다. 강남철이 서 차장을 향해 손을 흔들며 다가왔기 때문이었다.

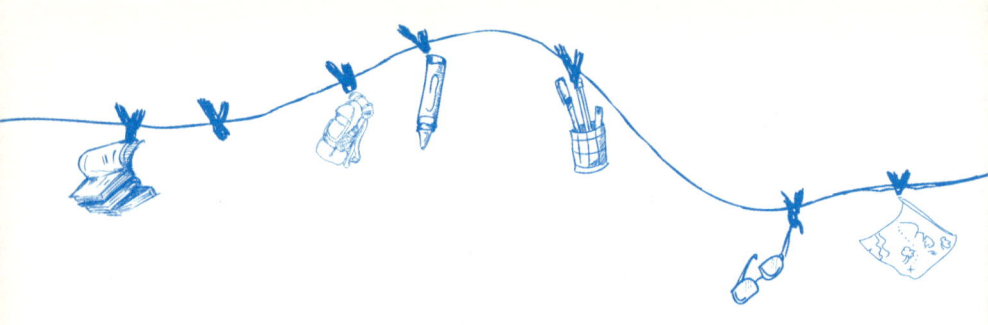

세상사는
절묘한 균형 잡기 게임

서 차장은 강남철과 서태봉을 회사 앞 작은 호프집으로
데리고 갔다.

강남철은 눈살을 찌푸리며 말했다.

"제길, 이 나이에 고작 호프집이 뭐야? 그러니까 언제 잘릴
지 모르는 만년차장 신세를 못 면하지."

"하하하, 편하잖아. 우리 신입사원 땐 만날 여기서 마셨잖아."

서 차장은 강남철의 타박에 미소를 지으며 술잔을 건넸다.

"이건 또 뭐하는 물건이야?"

강남철은 서태봉을 힐끔 쳐다보며 물었다. 서태봉 역시 낯선 사람과 술자리를 함께하는 게 어색했기 때문에 자신을 여기까지 끌고 온 서 차장이 원망스러웠다.

"같은 동네 사는 친구라네. 집에 갈 때 차를 좀 맡기려고."

서 차장은 아무렇지도 않은 듯 말했지만 태봉은 입이 쩍 벌어졌다. 고작 대리운전 때문에 자기를 이곳까지 끌고 왔다고 생각하니 어이가 없었다. 하지만 아무 말 못하고 자리에 앉아 있어야만 했다. 아무리 그래도 서 차장은 자신에게 '성공의 비결'을 알려줄 사람이 아니던가.

"쯧쯧쯧. 고작 대리비 1, 2만원 아끼려고 별짓을 다하네."

강남철은 또다시 서 차장을 타박했다. 서 차장은 미소만 지을 뿐이었다.

여섯 시경부터 시작된 술자리는 밤 열 시가 넘어서 포장마차로 이어졌다. 이미 거나하게 취한 강남철은 맞은편에 앉아 있는 서 차장에게 많은 말을 쏟아냈다. 대부분은 자신을 믿어주지 않은 상사들, 그리고 자신을 밀어낸 상사들에 대한 원망이었다.

서 차장은 그의 원망 섞인 푸념을 들으며 고개를 끄덕일 뿐 딱히 대꾸하지 않았다. 가끔씩 우두커니 앉아 있는 태봉을 향해 미소를 지어보일 뿐이었다.

하지만 강남철은 그런 서 차장의 반응이 익숙한 듯 자기 할 말을 계속했다. 마치 그 길만이 가슴에 응어리진 원망을 풀 유일한 출구인 듯 그의 음성은 점점 높아져만 갔다.

"내 청춘을 바쳐 회사를 위해 그렇게 열심히 노력했는데! 다들 워커홀릭 환자라고 비아냥거려도 죽도록 일을 했는데! 그놈들은 왜 나를 밀어내지 못해서 안달이었던 거야?"

"부담스러웠던 모양이지."

몇 시간 동안 같은 말을 듣고 있던 서 차장이 담담하게 입을 열었다.

"부담? 웃기지 말라고 그래! 부담스러울 게 뭐가 있는데?"

강남철은 더욱 목에 핏대를 세워가며 말했다.

"일 잘하는 부하직원이 있는 게 얼마나 좋은 일이야. 자기들한테 맡겨진 일을 내가 얼마나 멋지게 처리했는데. 아하, 일은 잘하지만 지들 비유를 맞추지 않았다 이건가? 진준혁 그놈처럼 알랑거리고 딸랑이 짓을 해줬어야 했다는 거야?"

강남철은 잔에 반쯤 채워져 있는 소주를 입에 털어 넣었다.

"크, 웃기지들 말라 그래. 나쁜 놈들! 내가 아무리 스타그룹 때문에 밥 벌어먹고 살고는 있지만 이건 아니지. 지들이 위로 올라갈 능력이 없다고 능력 있는 부하직원을 밀어내고, 나보다 능력 없는 녀석들을 출세시켜주는 그런 회사란 말이야. 이놈의 회사 얼마 못 가지! 암, 얼마 못 가고말고!"

강남철은 포장마차의 모든 손님들이 들을 만큼 큰 소리로 떠들어댔다. 그러더니 화장실을 가겠노라며 자리에서 일어나 출렁이는 뱃살을 흔들면서 뒤뚱뒤뚱 포장마차 밖으로 걸어 나갔다.

　서 차장은 조용히 술잔을 기울이며 말했다.

　"저 친구에게는 회한만 남아 있네. 출세의 길에서 밀려난 원망과 후회지."

　"제가 보기에도 열심히 일하고 능력을 발휘한 게 화근이었다면 너무 억울하겠습니다."

　태봉의 볼멘소리에 서 차장은 빈 소주잔에 술을 채웠다.

　"그게 잘못은 아니지. 저 친구 잘못은 따로 있네."

　"그게 뭡니까?"

　"상대방에게 부담을 주는 건 옳지 않다네. 비록 열심히 일했지만 상대를 고려하지 않았네."

　"열심히 일하는 게 상대방에게 부담을 주는 겁니까?"

　"물론이지. 원대한 꿈을 갖고 열심히 일을 하는 사람은 바라보는 입장에 따라 부담스러울 수 있네."

　서 차장은 술잔을 기울이며 고개를 끄덕였다.

　"상당한 부담감이지. 그 상대가 능력이 처지는 경우에는 더더욱 그럴 수밖에 없고. 그 상대가 상사일 경우는 특히…."

"그럼 어떻게 하란 말입니까?"

태봉은 답답한 마음에 서 차장의 말을 끊고 물었다. 태봉은 하루 종일 마음이 답답했다. 아무리 푸념을 늘어놓아도 억울함과 분함이 가시지 않는 강남철을 이해할 수 있을 것 같았다.

"지독하게 열심히 일하는 사람은 지금부터 내가 말하는 것을 염두에 둬야 한다네. 바로 상대방 입장에서 생각할 수 있어야 한다는 거지."

"상대방 입장이라뇨?"

"열심히 일하는 사람이 부담스러워지면 두 가지 반응이 나타나지. 첫 번째는 부담스러워 가까이하기 싫어지는 것. 두 번째는 내 위치를 위협하는 존재로 보여 아예 싹을 잘라버릴 생각으로 견제하게 되지."

서 차장은 포장마차 밖으로 시선을 던졌다. 강남철이 밤하늘을 바라보며 담배를 피우고 있었다. 짙은 회한이 묻어 나오는 표정이었다.

"저 친구는 그걸 간과한 거야. 사람이 아무리 이성적인 동물이라지만 감정이라는 게 있다네. 잘나가기 위해서 열심히 일하는 부하직원이 곱게 보인다는 건 위선이지. 솔직히 말하면 곱게 보일 리가 없지 않겠나?"

태봉 역시 서 차장이 무슨 말을 하는지 이해할 수 있었다.

그 역시 신입사원이 탁월한 능력을 발휘해 대리로 진급한다면 그런 생각이 들 것 같았다. 언젠가 능력 있는 후배를 보면서 나보다 입사가 늦은 친구가 나를 추월해서 먼저 진급하면 어떨까, 그런 생각을 한 적도 있었다. 하지만 그뿐이었다. 태봉은 후배를 두고 어떤 제스처도 취하지 않았다.

페어플레이라는 단어가 떠올랐다. 정정당당한 승부. 그것을 통해서 승리를 손에 쥐어야 성취감을 느낄 수 있는 게 아닌가. 세상이 아무리 진흙탕으로 보여도 정정당당한 승부가 세상을 움직인다고 믿고 있었다. 그런데 이건 또 뭐란 말인가! 복잡한 머릿속에서 결론이 나지 않았다.

서 차장은 그런 태봉을 배려하지 않고 말을 이어갔다.

"요즘 젊은이들은 개인주의에 젖어 있지. 상사가 야근을 해도 부하직원은 칼퇴근을 하지. 어차피 상사가 야근하는 건 자기 일이 많아서니까 먼저 퇴근하는 부하직원에게 뭐라 할 수는 없겠지. 그런데 사람 마음이 그게 아니거든. 당당하게 퇴근하는 부하를 보면 상사가 어떤 생각이 들 것 같은가? 그런 친구는 보듬어줘야 할 부하직원이라는 생각이 들지 않아. 서로 경쟁해야 하는 상대로밖에 보이지 않는다고. 그런 부하가 출세하겠다고 공표하면서 자기 위치를 위협하려 들면 당연히 방어 자세를 취할 수밖에 없지. '뭐 도와드릴 것 없습니까' 라고 한마디만 건네봐. 그럼 자네를 다르게 볼 걸."

"그럼 도대체 어떻게 하라는 겁니까? 상사가 야근을 하면 함께 남아서 일을 도와주란 말씀입니까?"

"그 말도 틀린 말은 아닐세."

서 차장은 부탁하듯 이렇게 말했다.

"세 번째 알파는 지나치게 계산적으로 보이지 않도록 하는 거야. 자기 것만 챙기는 사람으로 인식되면 '저 친구는 정말 이기적인 친구지' 라는 선입견이 생기니 각별히 주의해야 해. 그렇게 되면 너는 너, 나는 나가 되거든. 그러다간 하는 일마다 밉게 보이기 십상이지. 열심히 일하는 그 자체만으로 미운 이유가 되는 셈이거든."

알파 3 : 지나치게 계산적인 사람으로 보이지 마라.

서 차장은 술잔을 태봉에게 내밀었다. 태봉은 술잔을 받아 한입에 털어 넣었다. 입안에 퍼지는 쓴 소주 향이 마치 답답한 그의 심정같이 느껴졌다.

"자네를 견제하게 될 상사를 안심시키라는 말이지. 그게 바로 중심을 잡는 일이라네."

"열심히 일하면서도 상사 자리를 위협하는 존재가 아니라는 인식을 심어줘야 한다는 말입니까?"

"그렇지. 세상사는 균형 잡기 게임이라네. '열심히 하는 것'과 '자기 것만 챙기는 속물이 되지 않는 것' 사이의 균형이 필요하네. 열심히 일하지만 절대로 상사에게 위협적인 존재가 되지 않을 것이라는 생각이 들도록 해야 해. 모순처럼 보이는 것들 사이에서 절묘한 조화를 이뤄야 해. 한쪽으로 치우치면 결국 균형을 잃어버리고 게임은 끝나버리지. 강남철 그 친구는 균형을 잃고 상사들의 경계심을 심하게 자극했어. 그래서 지금 성공 궤도에서 벗어나 저렇게 울분을 터뜨리면서 살고 있는 거라네."

"……."

"일과 사람관계뿐 아니라 모든 세상사는 균형을 요구한다네. 열심히 일하는 것도 중요하지만 그것이 만들어낼 수밖에 없는 부작용을 충분히 인식하고 그 부작용에 제대로 대처해야 해. 그렇지 않으면 열심히 노력하고도 무대 중심에서 밀려나는 비운의 주인공이 될 수 밖에 없네. 열심히 하면 반드시 성공해야 하지만 현실은 다르네. 부작용을 제대로 다루지 못하면 오히려 열심히 일하는 것이 실패의 원인이 될 수도 있어. 그것이 바로 우리가 살아가는 현실이거든."

"휴우!"

태봉은 길게 한숨을 내쉬었다. 지독하게 일하면서도 상대방에게 부담을 주지 않는다는 게 말처럼 쉬운 일일까. 그렇다면 열심히 일하면서도 드러내지 않아야 한다는 말이 되는데, 일을 많이 하는 것도 열심히 노력하는 것도 결국은 상사에게 인정받기 위함이 아니던가. 그런데 열심히 일한 대가가 상사의 견제라니, 어쩐지 억울한 일이라는 생각이 들었다.

"남에게 부담을 주지 않으면서 열심히 일하기는 좀 어렵지 않습니까?"

"하지만 그게 바로 성공할 수 있는 생존전략일세. 성공의 씨앗은 씨앗일 때는 의미가 없네. 그 씨앗이 싹을 틔우고 뿌리를 내려 자라나야 의미가 있는 거지. 뿌리 내리기 전에는 생존이 목적이지. 물론 생존이 중요하다고 해서 견제 받지 않으려고 집에서 몰래 일하거나 열심히 하지 않아서도 곤란하네. 자네 경쟁자들은 그 순간에도 열심히 일하고 있을 테니까."

"그럼 대체 어떻게 하란 겁니까?"

"바로 겸손이야."

"겸손!"

태봉은 다리에 힘이 풀리는 것 같았다. 거창하고 획기적인 생존방법을 제시할 줄 알았는데, 초등학생도 아는 평범하고 상식적인 대답이 나오다니. 태봉은 조심스럽게 물었다.

"너무 쉬운 거 아닙니까? 너도나도 알고 있는 건데 그게 성공과 생존의 전략씩이나 된다는 게 좀….""

"열심히 일하고, 버는 돈보다 적게 쓰면 누구나 돈을 모을 수 있어. 그게 경제생활을 하는 가장 기본적인 원리지. 이 정도쯤은 누구나 알고 있을 거야. 그런데 왜 카드빚을 지고, 가계부에 적자가 나 돈 때문에 허덕이는 사람들이 있을까? 가장 기본이라고 생각하는 것을 실천하는 게 어렵기 때문이지."

서 차장의 음성은 단호했다.

"열심히 일하면서도 남들에게 부담을 주지 않는 게 바로 '겸손'이야. 주위 사람들이 자네가 겸손하다고 생각하게 되면 자네가 열심히 일을 해도 사람들은 자네에게 부담을 갖지 않을 거야. 하지만 작은 성과에도 어깨에 힘을 주면서 평가받고 싶어하는 게 인간이지. 그래서 겸손하기란 쉬운 일이 아니네."

"겸손에 대해 한 번도 진지하게 생각해 본 적이 없어서….""

"겸손의 힘을 너무 과소평가하지 말게. '벼는 익을수록 고개를 숙이고, 사람은 성숙할수록 겸손해진다.'라는 격언을 생각해보게나. 요즘 아무리 자기를 드러내야 인정받는 시대라고는 하지만 결국 누구나 겸손한 사람에게 더 끌리는 게 인지상정일세. 자기 능력을 대놓고 드러내는 사람은 적을 만들 수밖에 없다네."

여전히 태봉은 수긍하지 못한다는 표정이었다. 아니 받아들일 수가 없었다. 게다가 자신을 견제하는 김치국 팀장도 이해가 되지 않았다. 열심히 일하는 부하직원을 견제하는 상사라니, 그리고 그런 상사를 안심시키라니… 회사원이 상사의 노예란 말인가. 고작 성공의 비결이라는 것이 상사의 눈치를 보는 일이라는 건가.

"서번트리더십을 알고 있나?"

서 차장의 물음에 태봉은 의아해하며 대답했다.

"직원 교육시간에 들어 알고는 있습니다. 그게 겸손과 무슨 상관이 있나요?"

"서번트리더십이란 사람을 섬기는 헌신적인 자세로 타인의 마음을 움직이는 거지. 서번트리더십의 근간을 이루는 게 바로 '겸손'이라네. 비즈니스에서도 '겸손의 힘'이 작용하고 있지. 비즈니스에서 성공하려면 겸손이 필요하듯 자기 삶의 비즈니스를 성공으로 이끌기 위해서도 겸손을 염두에 둬야 한다네. 겸손하면 열심히 일해도 인정받지 못할 거라는 걱정은 하지 말게나. 열심히 일하는 사람은 드러내지 않아도 사향의 향기처럼 모두 알게 된다네."

서 차장은 태봉의 어깨에 손을 얹으며 말했다.

"그래, 낭중지추囊中之錐, 주머니 속의 송곳이라는 사자성어가 여기에 딱 어울리겠군. 하지만 잊지 말게. 겸손한 자세가 몸에 익을 때까지는 의식적으로 열심히 일한다는 사실과 야망을 조금은 숨길 필요도 있다는 걸 말일세. 이제부터 겸손해지자, 그런다고 해서 바로 겸손한 자세가 몸에 배는 건 아니니까 말이야. 단 이런 경우는 조금 다를 수 있지."

"어떤 경우 말씀입니까?"

"윗사람과 지위 또는 나이 면에서 차이가 많이 나는 경우를 말하네. 그럴 경우 윗사람은 자네를 질투, 시기심, 경계하는 마음보다 대견하게 생각하는 경향이 강하다네. 예를 들어 회사 경영자가 볼 때 출세하려고 이를 악물고 노력하는 직원은 시기와 질투의 대상이 아니라 대견해하고 격려해야 할 대상이란 말일세. 그런 사람들에게는 내가 열심히 하고 있다는 것을 당연히 드러내야 하네. 물론 직위나 나이 면에서 크게 차이가 나지 않는 사람들 앞에서는 약간 가리는 것을 잊지 말아야지."

"또 정치군요."

태봉의 시선은 다분히 도전적이었다. 서 차장의 표정은 여전히 담담했다.

"받아들이고 받아들이지 않고는 자네 판단이지. 난 그저 성공한 사람들에게서 들은 이야기를 하는 것 뿐일세. 전략이라

고 생각하게. 사람을 대하는 전략적인 태도, 혹은 정치적인
태도는 성공을 위해선 어쩔 수 없이 필요한 법이니까."

경계심을 무너뜨리는 5계명

권력을 얻는 초기 단계에서는 확실히 자신을 낮출 수 있어야 한다. 열심히 하는 것은 자기 자신의 문제이기 때문에 아무리 열심히 해도 문제가 없다. 그러나 그것이 타인에게 어떻게 비추어지고 받아들여질 것인가는 전혀 다른 영역의 문제이다. 미래의 권력과 자원을 얻기 위해선 때로 참아야 되고 숨겨야 한다. 조급한 나머지 지나치게 자신을 일찍부터 드러내는 것은 권력으로 가는 길에 중요한 방해물이다.

1. '열심히 한다'는 사실은 주변 사람에게 심리적 부담을 준다. "나만 열심히 하면 되죠. 그게 무슨 문제인데요?"라고 되묻는 일은 현실 세계와 이상 세계를 구분하지 못하는 일이다. 현실은 현실이다.

2. 상사가 겪을 수밖에 없는 심리적 부담감을 덜어주어야 한다. 특히 직속상관이 열심히 하는 부하를 바라보는 시각은 이중적이다. 대견함과 시샘이라는 감정이 묘하게 교차하게 된다. 이런 경우에는 질투와 시기심을 적극적으로 줄여나가는 행동이 필요하다.

149

3. "저는 아직 멀었습니다" "저는 정말 부족합니다" 같은 말을 입에 달고 살아야 한다.

"정말 대단해!"라는 평가를 받을 때면 어김없이 겸손한 표현으로 대응해야 한다. 자신의 야망과 야심을 꽁꽁 숨길 수 있어야 한다. 아무리 숨겨도 드러날 수 있지만 그래도 숨기기 위해 노력해야 한다.

4. 오만하고 고고한 사람이라는 인상을 주지 않아야 한다.

열심히 하는 사람은 스스로 자신이 다른 동료들에 비해서 특별하고 똑똑한 사람이라고 내심 생각하기 쉽다. 이런 판단이나 생각은 행동을 통해서도 드러난다. 첫째도 겸손, 둘째도 겸손, 셋째도 겸손이다.

5. "제가 도울 일이 없습니까" 라는 말을 자주 해야 한다.

주변 사람들은 자기 일을 열심히 하는 사람에 대해서 '지나치게 계산적인 사람' 이라는 선입견을 가질 수 있음에 주의해야 한다. 나만 성실히 한다고 해서 문제가 다 해결되는 것은 아니다.

제 5 장

허당 태봉,
상사에게 공을 돌리다

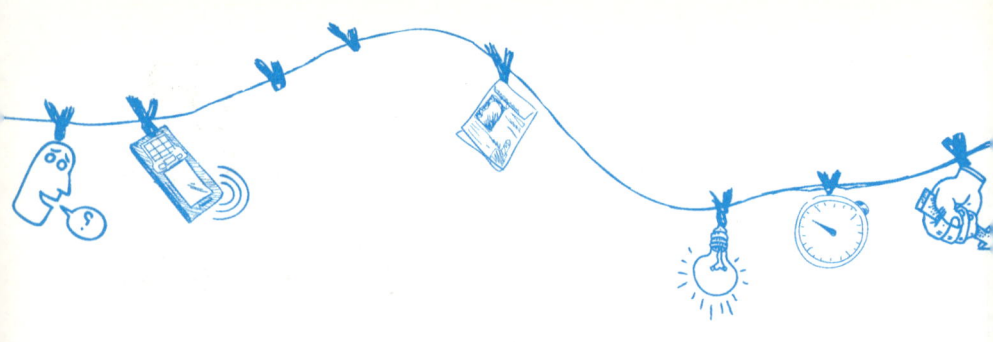

'아부'와
'호감'의 차이점

"그 자식, 상무이사 자리를 손에 넣은 건 손바닥을 비벼서 올라간 거란 말이야."

이미 거나하게 취해 얼굴이 벌겋게 달아오른 강남철은 한 손으로 테이블을 잡고 서서 퀭한 눈동자를 이리저리 굴렸다. 그는 자신을 견제했던 상사들을 안주 삼아 씹는 데 지쳤는지 이젠 입사 동기인 진준혁을 씹기 시작했다.

"그래도 그룹의 상무이사라는 자리가 아부로 올라갈 수 있는 자리는 아닌 것 같은데요."

태봉은 조심스럽게 말을 건넸다. 모든 것이 마음에 들지 않았다. 성공 비결이라면서 야망을 갖고 있어도 드러내지 말고 불안해하는 상사를 안심시켜야 한다고 강조하는 서 차장의 말도 마음에 들지 않았다.

게다가 한술 더 떠서 '아부'를 해야 성공한다는 식으로 말하는 강남철의 말도 귀에 거슬렸다. 그렇다면 성공하는 회사생활의 정체라는 게 눈치로 살아가야 하는 거란 말인가? 태봉은 도저히 받아들일 수가 없어서 주제넘게 나서고 말았다.

"있지!"

강남철은 음성을 높였다. 어찌나 크게 말했던지 술집 종업원이 자신을 부르는 줄 알고 달려올 정도였다. 그만큼 그의 생각은 단호했다. 그는 동의를 구하는 듯 서 차장을 바라보며 말했다.

"서 차장! 생각해봐. 그 자식 예전부터 한 끗발이라도 높은 양반들한테 얼마나 알랑방귀를 뀌었는지 말이야."

또다시 술 한 잔을 털어 넣은 강남철은 이를 갈며 기억을 더듬었다.

"잘 보이려고 높은 양반들한테 치사할 정도로 아부를 해댔잖아. 오늘 과장님 셔츠 색깔이 봄과 어울립니다, 넥타이가 최신 유행입니다 하면서 말이야. 꼴값을 떠는 거지. 그 자식은 능력으로 해결이 안 되니까 손바닥을 비벼대고, 내가 지들 밥그릇 빼앗을까봐 전전긍긍하던 상사들은 납작 업드려 아부를 해대는 부하와 맞장구치면서 짝짜꿍이 맞은 거 아니냔 말이야."

"진준혁, 그 친구가 그런 면이 없진 않았지."

서 차장은 고개를 끄덕였다.

"내 말이 그 말이란 말이야! 지금 생각해도 그 자식 아부 실력은 대단했어. 어차피 상사라는 인간들은 일처리를 부하직원들보다 잘할 거 아냐. 회사생활 한 짬밥이 있으니까 말이야. 그런데도 상사가 뭐 좀 했다 하면 그걸 가지고 역시 과장님은 다르십니다, 비결을 전수해 주십시오, 어쩌고 하면서 아부를 했잖아!"

쾅!

강남철은 서 차장의 동의에 힘을 얻은 듯 빈 술병들이 넘어질 정도로 세게 테이블을 내리쳤다.

"회사가 썩은 거야. 썩은 거! 능력으로 안 되니까 아부나 하는 놈을 밀어주고 말이야. 그런 놈이 상무이사 자리에 앉아 있는데 회사가 잘 돌아가겠느냔 말이지. 이 친구야, 정신 차려! 어차피 언제 잘릴지도 모르는 이깟 회사 얼른 때려치우고 나가. 쪽팔리지도 않냐? 동기는 손바닥 잘 비벼서 상무이사까지 올라갔는데, 자넨 손가락질받는 만년차장 아냐. 만년차장!"

"말씀이 너무 지나치십니다."

태봉은 더 이상 들을 수 없어 언성을 높였다. 편 가르기를 할 생각은 없었지만, 어쨌든 서 차장은 그에게 중요한 삶의 전환점을 마련해주려는 사람이었다. 비록 서 차장에게 불만이 있긴 했지만 서 차장을 모독하는 말은 듣고 있기가 불편했다.

"그렇게 잘 아신다면 강 소장님께서도 아부를 해서라도 출세하지 그러셨습니까?"

"자네!"

서 차장은 냉정한 표정으로 태봉을 쏘아봤다.

"서 차장님도 마찬가지십니다. 고작 비굴하게 '아부'나 하는 게 성공의 비결이라니, 실망했습니다."

태봉은 자리를 박차고 일어섰다.

어차피 더 이상 들을 얘기도 없었다. 그런데 그를 잡은 사람은 다름 아닌 강남철이었다.

"이 건방진 녀석!"

그는 우악스러운 손으로 태봉의 멱살을 움켜잡았다. 뿌리치고 싶었지만 그럴 수가 없었다. 그의 눈이 붉게 충혈되어 있었다. 그는 마치 울먹이듯 말을 내뱉었다.

"능력이 있는데 비굴해지면 안 되지. 난 당당하게 능력으로 성공하려고 했다고. 그걸 무능력한 상사들이 시기하는 바람에…."

강남철은 말을 마치지 못하고 그대로 테이블 위에 널브러지듯 엎어졌다. 쉬지 않고 들이킨 술에 결국 육중한 덩치도 버틸 수가 없었을 것이다.

"푸후우우…."

강남철은 두툼한 입술이 떨릴 정도로 긴 숨을 몰아쉬었다. 더 이상 정신을 차릴 수 없는 듯 축 늘어져 있었다.

"이 친구는 내가 돌볼 테니 자넨 돌아가게. 하지만 이것만은 듣고 가게나."

서 차장은 담담하게 입을 열었다.

"진 이사가 상사들을 대한 태도, 그걸 아부라고 생각하면 잘못된 생각일세."

"잘못되다니요? 아랫사람이 사사건건 윗사람에게 잘 보이려고 애 쓰는 게 아부가 아니고 뭡니까?"

"칭찬이지."

태봉은 눈살을 찌푸렸다.

"말장난 아닙니까? 아부나 칭찬이나 다 거기서 거기 아닙니까?"

"그 작은 차이가 바로 성공의 열쇠라면 어쩔 텐가?"

"무슨 궤변이세요?"

"아부와 칭찬은 비슷한 걸세. 분명 아부라는 것도 있지. 아무 근거도 없이 무조건 상사에게 잘 보이기 위해서 교언영색巧言令色하는 건 아부겠지. 분명한 건 아부로 성공할 수는 없네. 내가 말하고 싶은 것은 칭찬으로도 받아들일 수 있고, 아부로도 받아들일 수 있는 행동이 있다는 거야. 이 차이를 말하고 싶은 거야."

서 차장은 테이블에 널브러져 아예 코까지 골고 있는 강남철을 바라봤다.

"이 친구 입장에서는 아부라고 해야겠지. 왜냐하면 자기가 진 이사 때문에 실패했다고 생각하고 있으니까. 하지만 진 이사 입장에서는 칭찬이고 호감을 주는 능력이라네."

"호감을 주는 능력이라고요? 말만 바꾸는 게 의미가 있겠습니까? 말장난이라면 그만두십시오."

"용어라는 건 매우 중요하다네. 자기 행동을 '아부'라고 받아들이면 자기 행동을 부정하게 되지. 하지만 '호감을 주는 능력'이라고 받아들이면 긍정하게 되지 않나. 스스로 부정하는 일이라면 아무리 성공의 비결이라고 해도 마음으로 행할 수 있겠나?"

태봉은 묵묵히 서 차장의 말을 들었다. 어차피 마지막 아닌가.

"이 친구 말대로 아부가 성공하는 데 중요한 역할을 한다고

쳐보세. 그렇게 해서 성공한 사람을 시기하고 질투하는 건 투정밖에 안 된다네. 저렇게 누군가를 원망해야 자기 속이 편하겠지. 성공하지 못한 원인을 자기 내부에서 찾고 반성하면 속이 아프니까. 진실은 아픈 법이라네. 외부에서 원인을 찾으면 내 탓이 아니야 하면서 스스로 위안을 받을 수 있지. 하지만 그것뿐이라네. 만일 세상에 부자의 생각과 빈자貧者의 생각이 따로 있다면 그 기준은 '내 탓이오'와 '남 탓이오'가 아닐까 생각하네."

태봉은 강남철을 바라보았다. 처음부터 지금까지 강남철은 단 한 번도 자신의 잘못을 이야기한 적이 없었다.

"상사도 사람이라네."

낮은 음성이었지만 설득력이 있었다.

상사도 칭찬과
보살핌을 받고 싶다

"사람은 기본적으로 칭찬을 먹고 산다네. 어린 아이부터 여든 살 먹은 노인까지 칭찬 싫어하는 사람이 어디 있겠나. 아부라고 말하지 말게. 칭찬이라고 생각하게. 그리고 그걸 실천해보게. 칭찬은 상대방을 기분 좋게 해준다네. 기분 좋게 해주는 부하직원이 일처리 능력도 뛰어나다면 '신임' 할 수 있지 않겠나? 강남철 저 친구는 계속 실력을 이야기하고 있지. 실력이 있으면 아부를 하지 않아도 된다고 말일세. 하지만 처음부터 말하지 않았나. '성공=실력×알파' 라고 말일세. 실력은 기본이라는 거야. 실력이 없고서는 성공을 논할 수가 없네. 그렇기 때문에 성공하기 위해선 기본적으로 실력을 갖춘 상태에서 알파를 키워야 한다는 말이네. 이제 네 번째 알파를 찾을 차례라네."

알파 4 : 상사를 칭찬하고 격려한다.

"네 번째 알파는 '칭찬' 혹은 '호감' 이 필요하다고 말하고 있는 거야. 상사도 인정 받고 싶은 욕구가 강해. 다 사람이라고. 부하가 왜 상사를 인정해줄 수 없는 거지? 윗사람이 아랫사람에게만 해주는 것이 칭찬이 아니라고. 쌍방향 모두가 가능한 거야. 아들도 얼마든지 아빠 엄마에게 칭찬할 수 있거든."

서 차장은 마지막 남은 술을 잔에 따르며 말했다.

"할 일 다 하고 그것도 모자라 시키지도 않은 일까지 척척 해내는 사람이 있어. 상사 기분도 맞출 줄 알아. 그런 사람은 분명히 상사에게 호감을 얻을 수 있을 걸세."

"호감을 얻겠다고 드러내놓고 칭찬하는 건 좀 속보이지 않겠습니까?"

태봉의 물음에 서 차장은 고개를 끄덕였다.

"헤어스타일을 바꾸거나 새 옷을 입어 깔끔해 보이는 상사에게 좋아 보인다고 말하는 게 속보이는 일인가? 세련되게 호감을 얻는 기술이야말로 중요하지. 일종의 확인 활동이라고 생각해보게. 이사에게 칭찬받은 차장이 있다고 해보세. 차장은 이미 이사에게 칭찬을 받았기 때문에 자기가 칭찬받은 이유를 알고 있을 거야. 그런 사람에게 부하직원이 다시 한 번 확인하듯 '차장님 일처리 능력은 못 따라간다니까요' 하고 칭찬을 한다고 생각해보게. 어색하지 않겠지? 게다가 차장은 이사에게 칭찬받고 부하직원에게 다시 한 번 인정받으니 더욱 기분이 좋아질 걸세. 그것이 바로 호감을 얻는 능력이라네. 안타깝게도 성공하지 못하는 이들은 이걸 아부라고 부르겠지."

서 차장은 마지막으로 따른 술잔을 태봉에게 건넸다.

"자네도 이걸 아부라고 생각한다면 더 이상 할 말은 없네. 같은 아파트에 산다는 인연 때문에 지금까지 자네가 고생 많았네. 성공 궤도에 진입조차 하지 못한 내가 아쉬움이 많이 남아 쓸데없는 짓을 한 것 같네. 거기 장단 맞춰주느라고 고생이 많았어. 먼저 가게나. 난 이 친구 깨어날 때까지 한잔 더 해야겠네."

서 차장은 묵묵히 손을 들어 종업원을 불러 소주 한 병을 더 시켰다. 태봉은 조용히 인사를 하고 포장마차를 나섰다.

집으로 돌아가는 길에 태봉은 마치 가슴에 커다란 돌덩이 하나를 얹어놓은 것처럼 답답함을 느꼈다. 그 답답함은 아쉬움이라고 표현해도 좋을 것이었다. 처음 성공의 비결이라는 알파의 존재를 알고 나서 얼마나 흥분했던가. 몇 개월 동안이나마 남달리 내세울 것 없는 사람도 성공할 수 있다는 희망을 품고 살았다.

그 시간들이 꿈만 같았다. 그렇기 때문에 더욱 더 속이 쓰려왔다. 자신이 잡으려던 것이 허공에 흩어지는 담배연기 같다고 생각하자 모든 것이 허탈했다. 성공이란 자기 인생과는 아무 상관없는 단어라는 생각이 머릿속에 가득했다.

집에 들어가니 아내 한지애가 아직 자지 않고 태봉을 기다리고 있었다. 태봉은 아내에게 모든 것을 털어놓았다.

회식이 있던 날 쓸쓸했던 기분에서부터 서 차장을 만나 성공에 대한 확신을 갖고 가슴 벅찬 설렘을 느꼈던 일, 서 차장이 알려준 대로 매일 한두 시간 일찍 출근했던 일, 그리고 결국 알파라는 것이 '아부'로 마무리된다는 것을 알았을 때의 참담함까지. 그는 아내가 자신의 박탈감을 이해하고 명쾌한 답을 줄 거라 기대했다. 역시 아내는 보통 여자와는 달랐다.

"그랬었구나!"

한지애는 남편의 눈을 보며 말했다.

"자기, 지난번에 후배 영길 씨에 대해 말한 거 기억나? 영길 씨는 일도 잘하고 무슨 행동을 해도 귀엽고 믿을 만하다고,

영길 씨는 성공할 거라고 말이야. 마찬가지로 상사들도 자기처럼 아부를 구별할 수 있지 않을까. 실력이 우선되지 않는 사람이 아무리 열심히 아부를 해본들 아무 소용이 없지. 근데 실력 있는 사람이 상사 칭찬도 할 줄 알면 상사의 신임을 얻게 되겠지. 저 친구는 일도 잘하지만 어떻게 저렇게 상황에 맞춰서 윗사람을 편안하게 해줄 수 있을까, 상사는 이렇게 생각할걸. 자기가 영길 씨에 대해 말했듯이 말이야. 그건 성공의 비결일 뿐만 아니라 세상을 살아가는 기술이기도 한 것 같아."

그녀는 말을 이어갔다.

"자기도 후배 중에 자기 기분을 잘 맞춰주고 예쁘게 말하는 사람한테 더 마음이 가잖아. 그리고 건방지고 뻣뻣하게 구는 후배는 마음에 들지 않잖아. 그건 누구나 마찬가지야. 두 후배가 똑같은 능력을 발휘한다면 당신은 분명 당신 기분을 잘 이해하고, 당신을 인정하고 칭찬해주는 후배를 더 높게 평가할거야. 그걸 아부라고 생각하지 않고 이렇게 생각하겠지. 야, 그 친구 정말 싹싹하네. 정말 개념 있는 친구야."

"한지애 씨, 엄마가 되더니 상대의 마음을 읽으며 말하는 능력도 생긴 것 같아. 내가 결혼은 잘한 것 같아."

태봉은 피곤한 내색도 없이 밤늦도록 자신의 고민을 같이 해결하려는 아내에게 고마운 마음을 전했다. 태봉은 아내의 말을 들으면서 서 차장의 말이 조금 이해가 되기 시작했다.

"칭찬은 남에게 피해를 주지 않아. 돈 드는 것도 아냐. 그렇다고 회사에 손해를 끼치지도 않잖아. 아무 밑천 없이 상대방을 기분 좋게 해줄 수 있지. 그리고 상대방을 도울 수 있는 일이야. 상대방의 기분을 좋게 해주는 게 성공의 비결이라면 돈도 안 드는데 마다할 이유가 없잖아. 남을 칭찬하다보면 내기분도 좋아지는 걸 느낄 수 있어."

한지애는 남편의 말에 맞장구를 친 후 다시 말을 이어갔다.

"서 차장님이 균형 잡기 게임이라고 하셨댔지?"

"응."

"내 여자 동기들은 퇴사하거나 진급하지 못했는데 내가 남자 동기들 다 제치고 어떻게 과장이 될 수 있었는지 알아? 어차피 회사에서 여직원이란 불확실한 존재들이잖아. 언제 결혼해서 살림한다고 사표 낼지도 모르고, 남자들처럼 막 부려먹을 수도 없고. 근데 알고 보니 그런 게 문제가 아니더라고. 가장 중요한 건 상사들에게 믿음을 주지 못하기 때문이었어. 업무를 믿고 맡길 수 있는 믿음 말이야. 특히 한국 사회에서는 육아 문제가 영원히 풀리지 않는 문제라잖아."

태봉은 아내를 안쓰러워하며 고개를 끄덕였다.

"그때 내 전략이 바로 상사들에게 칭찬하기였어. 절대 아부라고 말하지 마. 난 비굴하지 않았으니까. 없는 얘기 꾸며내지도 않았고!"

한지애는 단호하게 말했다.

"그리고 건방지게 보이지 않으려고 최대한 조심했어. 격려와 칭찬은 아랫사람에게만 필요한 게 아니더라고. 아버지나 어머니에게도, 남편에게도, 자식에게도, 상사에게도, 동료나 후배에게도 모두 필요한 거잖아. 절대로 인색할 필요가 없어. 휘발유처럼 날아가 버리는 게 아니니까. 무한 자원인 셈이지. 써도 써도 바닥을 드러내지 않고 많이 쓸수록 더 채워지는 자원!"

그녀는 비밀을 얘기하듯 은밀하게 말을 이어갔다.

"당신, 내가 직장 다니면서 한결이 돌보느라 정신없이 사는 거 알지?"

"물론이지. 항상 고맙게 생각해."

"그래서 내가 시댁에 자주 찾아뵙지 못하잖아. 그런데도 왜 어머니께서 식구들 모일 때마다 내 칭찬을 그렇게 많이 하시는 줄 알아?"

태봉은 어머니를 떠올렸다. 어머니는 꼬장꼬장한 성격 탓에 이모들과도 왕래를 끊은 지 오래였고, 자식들에게도 무척이나 엄하신 분이었다. 그런데 유독 아내 한지애에게는 언제나 관대했다. 고부갈등 따위는 조금도 없었다. 태봉은 그런 면에서 아내에게 항상 고마워하고 있었다.

"그건 바로 내가 어머니를 자주 칭찬해드리기 때문이야. 시어머니도 사람이잖아. 사람은 누구나 칭찬을 받으면 기분이 좋지. 칭찬 많이 해서 손해날 일 없고, 인사 잘해서 욕먹을 일 없다는 속담도 있잖아. 그걸 아부라고 말한다면 정말 문제 있는 거지."

태봉은 머릿속이 환해지는 것을 느꼈다.

"나 잠깐 나갔다 올게."

그는 다시 옷을 챙겨 입고 서둘러 달려 나갔다. 내일까지 기다리기엔 시간이 아까웠기 때문이다.

상사를 감동시키는 건
결국 아주 작은 것

다행히 서 차장은 아직까지 포장마차에 있었다. 강남철은 여전히 술에 취해 잠을 자고 있었다.

"돌아왔군."

서 차장은 태봉을 바라보며 덤덤하게 말했다.

"제가 잠시 오해를 하고 있었나 봅니다. 죄송합니다."

태봉은 개운한 표정으로 말했다.

"아닐세."

서 차장은 고개를 저었다.

"성공하고자 하는 사람들이 사람 관계에서 확실한 기준을

잡지 못해 실패하는 걸 많이 봐왔다네. 그래서 자네를 이해할
수 있지.”

“이제부터 저도 상사들에게 칭찬을 해볼 생각입니다.”

“하지만 그것만이 다가 아닐세.”

“그럼 또 뭐가 있나요?”

“진 이사는 상사를 칭찬만 한 게 아니라네. 상사에게 감동을
줬네.”

서 차장은 과거를 떠올리듯 밤하늘을 바라보며 기억을 더듬
어가기 시작했다.

“정년퇴직하신 이철규 이사님이라고, 친분이 있던 분인데,
그분께 들은 얘기라네. 그분이 부장으로 재직 중일 때 일이
었지.”

***

스타정공이 사세를 확장하면서 스타그룹으로 탈바꿈할 때
의 일이었다. 이철규는 한 시간 후에 있을 프레젠테이션을 준
비하기 위해 대회의실로 향했다. 회의에는 회장도 참석하기
로 되어 있었다.

회장은 깐깐하기로 정평이 난 사람이었다. 이미 칠순을 넘

긴 나이였지만 언제나 허리를 꼿꼿하게 펴고 직원들 앞에서는 지팡이조차 사용하지 않는 양반이었다. 그는 오너의 작은 약점조차 직원들을 통솔하는 데 걸림돌이 된다고 생각했다. 전형적인 카리스마형 리더였다. 회장은 직원의 작은 실수도 용납하지 못했다. 직원들이 실수하면 두꺼운 돋보기 너머로 눈 꼬리를 치켜뜨고 사정없이 꾸짖었다.

이철규는 그런 처지가 되고 싶지 않았다. 아니, 그보다 몇 달 후에 있을 진급 명단에서 누락되지 않으려면 작은 실수도 있어서는 안 된다고 날마다 다짐하며 회사생활을 하고 있었다.

회의 진행은 각 부서별로 돌아가면서 맡고 있었는데, 오늘은 그가 책임지고 있는 기획1부가 회의 진행을 맡았다. 각 부서별로 회장에게 업무보고를 할 때 발표자를 간단하게 소개만 하면 되는 정도였다. 그래서 크게 신경 쓸 일은 없다고 생각했다.

이철규는 대회의실에 들어가 회장 앞에서 발표할 기획1부 프레젠테이션 자료와 서류를 꼼꼼히 살펴보기 시작했다. 실무를 담당하고 있는 사람으로서 최대한 회장에게 쉽고 정확하게 정보를 전달해야 했다. 프레젠테이션 자료의 숫자가 틀리지는 않았는지, 오타는 없는지, 자료가 제자리에 있는지 등을 점검하는 데만 해도 생각보다 많은 시간이 걸렸다.

자신이 발표할 서류를 거의 다 점검했을 때쯤 진준혁 대리를 발견했다. 진준혁은 라면 상자를 들고 있었다.

"이 부장님, 준비 다 마치셨습니까?"

진준혁 대리는 미소를 지으며 다가와 물었다.

"거의 다 했네. 그런데 자네가 여긴 어쩐 일인가?"

"오늘 회장님께서 참석하시는 회의가 저희 부서 소관이잖습니까?"

"그렇지. 그래서 책잡히지 않으려고 이렇게 프레젠테이션 자료를 체크하고 있다네. 그런데 지금 들고 있는 건 뭔가?"

이철규는 진준혁이 들고 있는 상자를 가리키며 물었다. 상자 안에는 복사된 서류가 회의 참석자 수에 맞춰 들어 있었다. 진준혁은 상자를 회의실 책상에 내려놓으며 대답했다.

"저희 부서 소관인 회의에서 다른 부서의 프레젠테이션 자료들이 제대로 정리되어 있지 않으면 좀 그렇잖습니까. 게다가 자료가 하나라도 빠져 있으면 회장님께선 그걸 부장님 탓으로 돌리실지도 모르고요."

이철규는 그때서야 자신의 프레젠테이션 준비 때문에 미처 중요한 것을 생각하지 못하고 있었다는 사실을 깨달았다. 군대에서 중령으로 제대한 회장은 특히나 연대책임을 중요시했다. 회사 직원들은 부서를 따지지 않고 하나의 공동체라고 생각하는 회장에게 다른 부서의 준비 소홀은 오늘 회의를 준비한 사람의 실수로 받아들여질 게 뻔했다. 그런데도 다른 부서의 프레젠테이션 준비 상태를 체크할 생각은 하지 못했다.

그런데 부하직원인 진준혁이 시키지도 않았는데 일일이 체크한 것이었다. 얼굴이 화끈거렸다. 회사생활이 몇 년째인데, 갓 대리로 진급한 진준혁도 알고 있는 일을 생각하지 못했다니. 진준혁의 일처리 솜씨를 보면서 자기 자신을 되돌아보기도 했다.

'내가 대리시절에는 저렇게 일처리를 똑 부러지게 못했는데.'

씁쓸했다. 그때 진준혁이 조심스럽게 말했다.

"회의 시작 전에 회장님 자리를 조금 옮겼으면 하는데요."

"왜? 언제나 회장님께서는 같은 자리에 앉으시는데."

"지난번 회의 때 회장님께서 자리에 조명이 어두워서 서류를 보기 불편하다고 하셨거든요. 관리부에 알아보니까 조명을 바꿀 시간적인 여유가 없는 것 같아서 회장님 자리를 조금 옆쪽으로 옮겨놓으면 좋을 것 같습니다."

"자네…."

이철규는 말문이 막혔다. 진준혁 제안대로 회장 자리를 옮겨놓았다. 그 결과는 비서실장의 말로 증명되었다.

"이 부장, 오늘 회의 끝난 뒤에 회장님께서 자네 칭찬을 하시더군. 회의 준비는 물론이고 회장님 자리까지 꼼꼼하게 배려해놓은 것 때문에 만족스러웠나봐. 자네도 알다시피 회장님께서 좀 철두철미하신 분인가. 오늘 회의 진행을 맡은 게 자네 부서 아니었나. 다른 부서 자료까지 꼼꼼히 챙겨 정리해둔 것을 보고 웃으시더군. 자네가 회장님 자리까지 세심하게 배려했다면서 꽤나 흡족해하시더군."

비서실장은 이철규의 어깨를 가볍게 두드렸다.

"수고했네."

"가 감사합니다."

이철규는 얼떨떨한 표정으로 허리를 숙여 인사했다. 그제야 모든 것이 진준혁의 일처리 덕분이라는 것을 깨달았다.

그때부터 그는 진준혁을 유심히 살펴보기 시작했다. 회의실 일만으로도 그를 평가하기에 충분했지만, 좀더 확신이 필요했다. 왜냐하면 자신도 진급대상이었지만, 진준혁 역시 몇 달 후에 있을 과장진급 대상자였다. 이철규는 진준혁의 진급을 결정하는 중요한 평가를 맡고 있었기 때문이다. 이철규가 진준혁에 대해 확신을 갖기까지는 그리 오래 걸리지 않았다.

"이 부장님 부서에 진준혁이라고 있죠?"

총무부 양종승 과장이 회사 창립기념 행사를 마친 뒤 그를 찾아왔다.

"있지. 그런데 무슨 문제라도 있는 건가?"

이철규는 부하직원의 이름을 언급하며 찾아온 양종승이 무슨 말을 할지 긴장해서 물었다.

"그 친구 칭찬 좀 하려고 찾아온 겁니다."

양종승은 얼굴에 미소를 지으며 호들갑을 떨었다. 이철규는 자세를 고쳐 앉으며 물었다.

"무슨 일이 있었는데?"

"말도 마십시오. 그 친구 아니었으면 지난번 회사 창립기념일 때 제 모가지 날아갈 뻔하지 않았습니까. 창립기념 행사가 제 소관인데요, 제가 외부업체에 맡겨놓은 부분은 체크하지 않고 식순 체크나 선물포장 같은 최소한의 검토만 했습니다. 외부업체들을 믿었던 거죠."

"그런데?"

"기념식 한 시간 전에 식장 안에 들어가 보니까, 글쎄 진준혁 그 친구가 외부업체들이 도착하기도 전에 벌써부터 마이크니 빔 프로젝트 화면이니 다 체크하고 있지 뭡니까. 외부업체는 행사가 겹치는 바람에 사전에 마이크 테스트를 하지 못했는데 진준혁이 음향기기에 문제가 있는 걸 발견하고 부랴부랴 기계를 교체했답니다."

양종승은 당시 상황을 상상이라도 하듯 식은땀을 훔쳤다.

"그때 진준혁이 없었더라면 어찌 되었을지 상상만 해도 끔찍합니다. 행사는 시작되었는데 마이크 말썽에 빔 프로젝트 고장까지…. 깐깐한 회장님이 절 가만 놔뒀겠습니까? 전 아마 벌써 퇴직금 정산 받고 쫓겨났을 겁니다."

"그런 일이 있었군."

이철규는 고개를 끄덕였다.

"그래서 고맙다고 술 한잔 산다고 그 친구를 불렀더니만 그 친구 대답이 가관이더라고요."

"뭐라고 대답했는데?"

"그냥 일한 거랍니다. 집안에 큰일이 있으면 막내가 나서서 궂은일을 맡아서 하는 것처럼 그냥 나와서 한 거랍니다."

이철규는 양종승의 말을 모두 믿을 수 있었다. 그동안 진준혁을 눈여겨본 결과 진준혁이 회사 일을 자기 일처럼 꼼꼼하게 처리한다는 것은 누가 뭐래도 사실이었다. 그는 진준혁의 진급을 결정하는 평가에서 다른 심사원들에게 이렇게 말했다.

"진준혁, 그 친구에게 맡기면 확실합니다."

'모든 것이 상사 덕이다' 의
부메랑 효과

"그 친구에게 맡기면 확실하다…. 정말 대단한 신임 아닌가."

서 차장은 이철규에 대한 이야기를 마치면서 태봉을 바라보았다.

"사람은 패턴으로 사고하기 때문에 일단 신임을 주고 나면 어떤 나쁜 정보가 들어와도 쉽게 바꾸지 않는다고 하지. 그래서 일단 상사에게 감동을 주면 그 여운이 오래도록 남아 플러스 작용을 하게 된다네. 일단 긍정적인 이미지가 머릿속을 차지하게 되는 거지. 반대로 부정적인 이미지를 갖고 있으면 그것을 상쇄시키기 위해 지금보다 훨씬 더 많은 노력이 필요하다네."

"상사가 감동할 만큼 일을 해야 한다는 뜻이로군요."

✏️ 알파 5 : 상사에게 놀랄 만한 감동을 주어라.

"그렇지. 상사에게 감동을 줄 만큼 일을 하려면 주인의식을 갖고 있어야 한다네. 내가 전에도 말했지. 자기 일처럼 생각하고 꼼꼼하게 처리하면 일의 결과가 상사 마음에 120퍼센트 들게 될 거고, 상사는 부하직원에게 감동받겠지. 진준혁도 처음에는 상사에게 잘 보이려고 남들보다 조금 더 일하고, 조금 더 신경 썼을지도 모르지. 하지만 내가 그 친구를 유심히 살펴봤을 때는 어느새 모든 게 습관이 된 상태였지. 성실하고 꼼꼼한 습관이란 성공하는 데 꼭 필요한 요소라네."

태봉은 남들보다 일찍 출근하던 진준혁을 처음 봤을 때를 떠올리며 고개를 끄덕였다.

"나 역시 창사기념일 때 일을 알고 있네. 우리 때 유명한 일화였지. 일개 대리인 진준혁이 회사 전체에서 인정을 받는 일이었으니까. 그때 그에게 찾아가 물었네. 무슨 생각으로 기념식장에 찾아가 사전 체크를 했느냐고."

"진 이사는 뭐라고 대답했습니까?"

"회사는 내 고객이고, 나는 고객에게 적극적으로 서비스해야 한다고 대답하더군."

"와, 대단하군요. 회사를, 상사를 고객으로 생각하는 서비스 정신이라니."

"그게 바로 상사를 감동시키는 원동력이네."

서 차장은 고개를 끄덕이며 말했다.

"상사는 부하직원을 평가할 때 안주하려고 하고 소극적으로 현상유지나 하려는 사람을 높게 평가하지 않아. 그보다는 적극적이고 창조적으로 회사에 헌신하는 사람에게 높은 점수를 주게 된다네."

"어떻게 하면 그럴 수 있는 겁니까?"

"쉽게 되는 게 아니지. 하나씩 몸에 익혀가야지. 이런 것은 습관이고 나가선 삶의 방식이니까. 그게 바로 상사에게 감동을 주는 삶의 방식이란 걸 명심하게."

"상사에게 감동을 주는 삶의 방식이라."

태봉은 서 차장의 말을 들으며 고개를 끄덕였다.

자기가 생각해도 빠릿빠릿하게 일처리를 잘하면서 상사의 가려운 곳을 찾아 긁어주려고 노력하는 후배에게 커피 한잔이라도 더 사주고 싶은 마음이 생기는 건 어쩔 수가 없었다. 어차피 인간의 마음이란 자신에게 잘해주는 쪽으로 기울 수

밖에 없는 것이 인지상정 아니던가.

"사람이 사람을 평가할 때 냉정하게 객관적일 수는 없다네."

"그렇겠죠. 사람은 감정이 있으니까요."

태봉은 다부진 표정으로 고개를 끄덕였다.

"상사에게 감동을 줄 정도로 열심히 일을 해야겠군요. 이거역시 질적 양적으로 많은 일을 하라는 것과 비슷한 얘기인 것 같습니다."

"거기다 한 가지를 더하자면 상사에게 공을 돌리라고 충고하고 싶네."

"상사에게 공을 돌리라니요? 자기가 노력해서 얻은 결실을 상사에게 돌려주라는 겁니까?"

태봉은 쉽게 이해할 수 없었다.

"열심히 일하면서 겸손하라고 하셨잖습니까. 겸손이면 되지 굳이 자기가 얻은 결실까지 상사에게 양보한다는 건 너무하잖습니까."

"멀리 보게."

받아들이지 못하겠다는 표정을 짓고 있는 태봉에게 서 차장은 타이르듯 말했다.

"어차피 상사는 자네보다 강자 위치에 있는 사람일세. 자네가 뭔가를 주면 상사도 그것을 잊지 않을 거야. 게다가 부하직원이 성과를 내면 상사는 그걸 부하의 공이라고 객관적으로 보지 않는다네. 그래서 조직생활에서는 지나치게 계산적이면 안 된다네. 섣불리 계산적으로 처신했다가는 상사에게 감동이 아닌 경계심을 주게 된단 말이야. 단기적인 계산보다는 중장기를 보면서 계산을 해야 하네."

서 차장은 걸음을 멈추고 태봉의 얼굴을 똑바로 바라보며 말했다.

"이미 말했지만 나 역시 능력 있는 부하직원을 보면 두 가지 감정이 든다네."

"대단하다는 감탄과 내가 저 나이 때는 뭘 했나, 하는 질투 말입니까? 저도 생각해보니 마찬가지더군요."

"성공하고 싶다면 상사의 감정이 질투와 시기보다 감탄 쪽으로 기울어지도록 만들어야 한다네. 달리 말하면 상사를 자기편으로 만드는 거지."

"상사를 자기편으로 만든다!"

태봉은 감탄하듯 말했다.

"자기를 평가하는 사람을 자기편으로 만든다면 모든 경쟁에서 유리하겠군요."

"그렇기 때문에 상사에게 공을 돌려야 한다는 거야."

서 차장은 태봉이 자기 말을 알아듣자 목소리를 높였다.

"어떤 일을 잘 처리했을 때 상사가 질투나 시기보다 감탄하도록 만들어야 하는데, 가장 좋은 방법이 바로 상사에게 공을 돌리는 것이라네."

"모든 결과물을 다 말입니까?"

"그렇다고 무턱대고 공을 돌리라는 게 아닐세. 많은 것들 중 굵직한 하나를 돌리라는 말이지. 그렇게 되려면 많은 일을 해야 하는데, 일을 많이 하라는 것은 이미 말했으니까 이해하고 있을 테지."

"예. 탁월한 성과를 내는 것 그리고 상사에게 감동을 줄 정도로 꼼꼼하게 일을 처리하는 것을 말씀하시는 거라면 이미 들었습니다."

"그래, 열심히 일을 하다보면 결과물이 곳간에 쌓이니까 상사에게도 공을 나눠줄 수 있는 여유가 자동으로 생긴다네. 열심히 하지 않으면 곳간이 비어 있으니까 상사에게 공을 나눠줄 수도 없겠지."

"기본적으로 많은 일을 잘해내야 한다는 조건이 붙는군요."

"물론이지."

서 차장은 고개를 끄덕였다.

"그렇게 되면 자네와 상사 사이에는 깊은 유대감이 만들어진다네. 말을 하지 않더라도 암묵적인 동의가 생기는 거지.

그렇게 되면 상사는 자네 편이 되어줄 걸세. 세상사는 묵시적으로 주고받는 관계가 지배한다네. 물론 이런 걸 표시내지 않도록 주의해야 하지. 진준혁이 대리였을 때 이철규 부장에게 회의실에서 있었던 공을 돌렸네. 회장은 만족스러운 회의 준비가 이철규 부장의 공이라고 생각했을 걸세. 그리고 창립기념식에서 있었던 일도 회장은 알지 못했겠지. 그렇다고 그게 진준혁에게 하나도 안 돌아갔나? 결국은 훨씬 많은 걸로 돌아갔을 걸세."

"거기다가 상사의 신임까지 덤으로 얻었군요."

"사람의 본능이라네. 사람은 뭔가를 받으면 되돌려주어야 한다는 부담감을 본능적으로 느끼게 된다네. 의도하지 않았다고 하더라도 공을 돌려준 상대에게 뭔가 보답을 하려고 애쓰게 되지. 그래서 다른 사람에게 신세지지 말라는 말을 어른들이 하는 걸세."

"상사가 나를 도와주려고 애쓴다면 회사생활에서 성공할 수 있는 확률은 꽤 높아지겠군요."

"일처리도 똑 부러지게 해서 감동을 주는 부하직원이 나를 배려해주고 칭찬해주는 데다 자기가 이룬 공까지 넘겨준다면 어느 상사가 좋은 평가를 내리지 않겠는가. 모두들 도와주려고 하지 않겠나."

서 차장은 확신에 차서 말했다.

"상사의 마음을 얻게. 아주 중요한 말이니 꼭 기억하게."

상사의 마음을 읽는 5계명

사람 관계는 쌍방향으로 이뤄진다. '내가 지금 그 혹은 그녀라면 어떤 기분일지, 어떤 입장일지'를 생각해 보고 상대방의 입장에 서서 볼 수 있을 때 상대방을 움직일 수 있다. 권력을 추구하는 사람은 상사에 대해서 민감하다고 할 정도로 감수성이 뛰어나야 한다. 한마디로 상사를 제대로 이해하고, 예리하게 관찰하면서, 그의 욕구를 정확하게 파악해서 행동해야 한다.

1. 상사의 입장에서 볼 수 있어야 한다.

'내가 상사라면 어떨까?'라는 단순한 질문을 던지는 것만으로도 자기 본위로 행동하는 것을 막을 수 있다. 제프리 페퍼 교수는 "타인을 예민하게 감지하기 위해서는 적어도 어느 순간만큼은 자기 자신의 필요와 믿음에 대한 생각을 멈출 수 있어야 한다."고 말한다. 이에 덧붙여 그는 "타인을 자신과 동일시하는 능력이야말로 자신이 원하는 것을 얻는 데 실제로 중요한 능력이다."라고 말한다.

2. 칭찬과 격려를 적극적으로 활용한다.

타인을 돕는 일, 즉 상사를 돕는 일은 상황에 맞추어서 적절한 칭찬과 격려의 말을 활용하는 일이다. 이는 타인을 돕는 일일 뿐만 아니라 자신을 돕는 일이기도 하다. 칭찬과 격려가 반복되면서 타인의 미묘한 변화를 감지하는 지각 능력이 날로 강화됨을 확인할 수 있을 것이다.

3. 사소한 일에 대한 현명한 대처가 신뢰와 믿음을 만들어낸다.

상사들은 자신이 미처 챙기지 못한 사소한 일들, 그러나 그런 일로 인해 문제가 생길 수 있었던 일을 커버하는 부하에게 감동하게 된다. '상사를 위해 무엇을 할 수 있을까?' 라는 질문을 계속하면 얼마든지 상사에게 감동을 줄 수 있다.

4. 따뜻한 마음, 존중하는 마음으로 대해야 한다.

가식은 언제든지 드러나게 되어 있다. 인간은 타인의 진정한 의도를 알아차리는 능력을 타고났다. 때문에 가식적인 언행은 드러날 소지가 얼마든지 있다. 이왕 해야 하는 일이라면 상사의 성공을 진정으로 바라는 따뜻한 마음을 갖고 대해야 한다.

5. 상사가 놀라지 않도록 해야 한다.

부하가 백 번을 잘하더라도 한두 번의 실수로 신뢰가 땅에 떨어질 수 있다. 상사가 놀라는 일이 없도록 일의 진행 상황 등에 대한 보고를 수시로 해야 한다. 그래야 정보의 흐름이 원활해진다. 만약 프로젝트 마감시간이 임박해서야 '문제가 있다'고 보고하면 상사는 놀라는 정도가 아니라 당신을 다시는 신뢰하지 않을 것이다.

허당 태봉,
실용지능에 눈을 뜨다

팀장 마음을 읽는
투시력이 생기다

"예?"

김치국은 얼떨떨한 표정을 지었다.

"저희 부서에서 영업2팀 마케팅 기획안을 제출한 사람은 서태봉 대리밖에 없는데 어째서…. 지난번 부장님이 서태봉 대리에게 칭찬까지 했었는데요?"

김치국은 봉투를 내밀고 있는 부장을 바라보며 물었다. 출근하자마자 부장실로 불려간 김치국은 믿기지 않는 상황에 직면해 있었다. 서태봉이 제출한 마케팅 기획안이 최종적으로 채택되었다며 부장이 김치국에게 부 회식비를 건넨 것이었다.

부장은 기획안이 채택되면 개인에게 응당한 보상을 약속했었다. 김치국은 느닷없이 부장이 부 회식비를 건네는 이유를 이해할 수 없었다.

"서 대리가 얼마 전에 나를 찾아왔었네. 서 대리 말로는 그 기획안 자네가 도와줘서 완성한 거라고 하던데. 그래서 영업 1팀 직원들이 성과를 낸 걸로 생각하고 회식이나 한 번 시켜 주려고 한 거지."

"아, 하하하!"

김치국은 순간 모든 상황을 이해하고, 웃음으로 얼버무렸다.

"그 친구, 부장님께 어필 한 번 해보라고 시켰더니만 그걸 또 다 불었습니까?"

"자네, 일처리만 잘하는 줄 알았더니 부하직원들 업무교육 도 잘 시키는 모양이야. 서 대리가 내놓은 기획안이 꽤 마음 에 들었어. 수고했네."

부장은 김치국의 어깨를 다독였다.

"너, 이실직고해봐."

김치국은 서태봉을 쏘아봤다. 그는 항상 이런 식이었다. 언 제나 부하직원들에게 막말하기 일쑤였다. 김치국은 키는 작지만 고등학교 때까지 레슬링을 했기 때문에 다부진 근육질 체형에 언제나 상대를 향해 달려들 듯한 눈빛을 하고 있었다. 태봉은 그와 마주하고 있으면 언제나 긴장이 되었다.

"왜 마케팅 기획안을 내 덕이라고 말한 거야?"

"그야 당연하잖습니까, 팀장님."

태봉은 얼굴에 웃음을 지으며 말했다.

"제가 누구한테 업무를 배웠겠습니까. 제가 이번에 제출한 마케팅 기획안은 지난번에 팀장님께서 말씀해주신 것들을 중심으로 조합해서 만들어낸 겁니다. 그러니까 그렇게 말한 거죠."

"너…"

김치국은 이글거리는 눈빛으로 태봉을 노려봤다.

"이제야 정신을 차렸구나! 내가 그동안 서 대리를 오해했군! 내가 가르치긴 잘 가르친 모양이군. 하하하하."

김치국은 근육질의 단단한 팔로 태봉의 목을 조르면서 호탕하게 웃어댔다. 조금 불편하긴 했지만 태봉은 마음이 편해졌다.

어차피 기획안이 통과되어 받게 되는 보상금은 팀 회식비로 써야 했다. 직원들 모두가 알고 있는데, 그걸 혼자 먹겠다고 주머니에 넣고 입을 닦는다면 말이 나올 게 뻔했다.

게다가 김치국이 도와줬다고는 했지만, 부장은 기획안을 만든 사람이 서태봉 자신이라는 것을 잊지 않을 것이다. 그리고 더 이상 태봉은 김치국의 견제를 받지 않게 될 것이다. 작은 배려 하나가 일거삼득의 효과를 낳은 셈이다.

역시 예상대로 회식자리 분위기는 화기애애했다. 직원들은 예상치 못한 회식의 공을 모두 태봉에게 돌렸다. 그들 역시 마케팅 기획안을 만든 사람이 태봉이라는 사실을 모를 리 없었다. 김치국도 호탕하게 술잔을 부딪치며 자신의 업무교육을 자화자찬했다. 부장에게 부하직원에 대한 업무교육의 성과를 칭찬받은 데 한껏 고무된 모양이었다.

"크하!"

김치국은 술을 단숨에 들이키더니 담배연기에 찌든 이를 드러내며 웃었다.

"내가, 그러니까 내가 말이야, 일처리만 잘하는 게 아니더란 말이지. 흐흐흐. 새끼들 교육도 잘 시킨다고 부장이 그러더라니까."

"물론입죠, 팀장님. 우리 팀장님이야 스타그룹에서 제일 잘나가는 분이죠. 지난번 해외진출 건도 팀장님 아니었으면 말짱 도루묵으로 끝났을 겁니다."

거나하게 취한 직원 하나가 김치국을 치켜세웠다. 그는 김치국의 취향을 정확하게 파악하고 있었다.

"하긴, 내가 없으면 회사가 안 돌아가긴 하지."

김치국은 자기를 치켜세워주는 것을 좋아했다. 물론 그만큼 능력도 인정받고 있었다.

"높으신 양반들도 나 없이는 곤란하단 말이야. 암, 곤란하지."

그는 술집이 떠나갈 듯 큰 소리로 말을 하고는 자리에서 일어나 밖으로 나갔다.

"마시고들 있어. 잠깐 바람 좀 쐬고 올 테니까."

때마침 태봉의 핸드폰이 울렸다. 아내였다. 태봉은 아내의 전화를 받기 위해 서둘러 술집 밖으로 달려 나갔다. 전화 받기에는 너무나 시끄러운 분위기였다.

한지애는 태봉이 제출한 마케팅 기획안이 채택되었다는 사실을 알고 축하 전화를 한 것이었다. 그런데 아내는 전화통화 말미에 무척이나 조심스럽게 말을 꺼냈다.

"자기네 팀장 괜찮아?"

"왜?"

"나도 오늘 들었는데, 며칠 전에 회장님 참석하신 회의에서 실수를 좀 했나봐. 분위기 굉장히 안 좋았대."

태봉은 전화 통화를 하며 주위를 둘러봤다. 김치국을 찾기 위해서였다. 김치국은 술집에서 조금 떨어진 곳에서 담배를

피우고 있었다. 회식자리에서와는 달리 왠지 모르게 어깨가
축 쳐져보였다. 한지애는 그 이유를 이렇게 말했다.

"회장님이 무척이나 노여워하셨대. 집에 들어오면 자세히
말해줄게."

직언에도
요령이 필요하다

허공으로 흩어지는 담배연기를 바라보는 김치국의 마음은 무거웠다. 마치 지금까지 자기가 쌓아올린 모든 실적이 허공에 흩어지는 담배연기처럼 사라져버리고 있는 것만 같아 견딜 수가 없었다.

"젠장!"

굳게 다문 입술 사이로 신음 같은 투덜거림이 흘러나왔다. 모든 것은 며칠 전 회장이 참석한 회의에서부터 꼬이기 시작했다. 그날 회의에서 그 말만 하지 않았어도….

"굳이 전자분야에서 MP3 사업에 진출하시려는 건 모험입니다."

김치국은 굳은 얼굴로 자리에서 일어났다. 회의실에서 자리만 차지하고 있는 나이 먹은 중역들의 눈치를 볼 것도 없었다. 어차피 스타그룹의 모든 영업계획은 자신의 손을 거쳐서 이루어지고 있는 것이나 마찬가지였기 때문이다.

"지금 MP3 분야는 포화상태입니다. 대기업, 중소기업 할 것 없이 이미 많은 기업이 뛰어든 상황입니다. 출혈경쟁도 만만치 않습니다. 이 사업의 타당성은 문제가 많습니다."

한마디 한마디에 확신이 차 있었다.

"이 자리는 사업의 타당성에 대해 논의하자는 자리가 아닐세."

어릴 때 천연두를 심하게 앓아 흉터 때문에 '곰보'라는 별명을 갖고 있는 박 이사가 자리에서 일어나며 말했다.

"자네를 이 자리에 부른 건 영업1팀장으로서 앞으로 우리가 MP3 사업에 진출하게 되면 어떻게 성공적으로 자리를 잡을지 의견을 말하라는 거네."

김치국은 박 이사의 질책하는 듯한 시선을 느꼈다.

'이럴 때는 강하게 나가야 한다. 언제나 공격적으로 강하게 밀어붙여서 이 자리까지 올라왔고, 능력을 인정받지 않았던가. 비록 이 자리가 사업의 타당성을 따지는 자리가 아니더라도 근본적인 문제를 짚고 넘어가야만 한다. 그렇지 않고 어물쩡 넘어가면 내 존재감이 사라진다. 공격해야 살아남는다. 공격은 최선의 방어다.'

상사들을 대할 때도, 거래처를 대할 때도, 심지어 그룹의 오너인 회장을 대할 때도 김치국은 언제나 공격적이었다. 그는 남들이 모두 '예스'라고 대답할 때 '노'라고 대답할 수 있는 것이 자신의 장점이라고 생각했다. 그는 언제나 아침에 거울을 보며 이렇게 말했다.

"튀어야 살아남는다. 달라야 살아남는다."

김치국은 스스로 자신을 다잡았다.

"회장님께서 소니를 넘어보시겠다고 항상 말씀하신 건 알고 있지만, 이제 소니는 추락하고 있습니다."

김치국은 회장인 김학수가 과거 사세를 확장하면서 TV 시장을 넘보며 소니에 도전했다가 막대한 손해를 보고 물러났다는 사실을 익히 알고 있었다. 볼트와 너트를 만들면서 회사의 기틀을 다잡고, 스크류 산업에까지 진출하면서 승승장구하던 회장 김학수가 처음으로 맛본 실패의 쓴맛이었다.

그때부터 스타그룹은 다시 한 번 전자산업에 뛰어들 기회만을 엿보고 있었고, 이제 그 사업을 추진하려는 참이었다. 그것은 오로지 '벤치마킹 소니'를 외치는 김학수의 고집 때문이었다.

"한때 전자업계의 대명사로 통했던 소니는 이제 없습니다. 주력 품목인 TV는 삼성과 LG에 밀리고 있습니다. 게다가 2001년에 에릭슨과 합작해 설립한 휴대폰 업체도 5위권 수준으로 밀려난 상태입니다. 게다가 게임기 역시 닌텐도의 기세에 눌려 힘을 못 쓰고 있습니다."

김치국은 강한 어조로 말했다. 이 회의에서 회장을 설득한다면 몇 단계 건너뛰어 이사 진급도 이뤄질 가능성도 있다. 지난번 중동지역에 세정중장비 판로를 개척한 일 역시 회장을 설득한 뚝심 덕분이 아닌가.

"소니는 더 이상 넘어야 할 산이 아닙니다. 회장님, 소니는 워크맨으로 성공을 거뒀지만 MP3플레이어 대신 자체 개발한 미니디스크를 고집했다가 애플의 '아이팟'에 밀려버렸습니다. 과거 워크맨으로 성공을 거듭할 때 갖고 있던 창의성이나 유연성도 사라져버렸습니다. 더 이상 소니에 집착하실 이유가 없다고 생각합니다."

"자네, 그래서 하고 싶은 말이 뭔가?"

박 이사는 무시당한 모멸감에 얼굴을 붉혔다. 붉어진 박 이사의 얼굴 표정을 보고 김치국은 긴장감을 느꼈다. 지금껏 자신을 밀어준 상사들의 명단을 뽑아보자면 박 이사의 이름은 언제나 첫 번째나 두 번째에 놓여 있었다.

　김치국은 다른 회사에서 입사한 지 얼마 되지 않았지만 현재 상사로 있는 부장을 제치고 곧 부장으로 승진할 것이라고 다들 알고 있었다. 모두 박 이사가 밀어주고 있기에 가능한 일이었다. 박 이사의 도움이 없었다면 다른 회사에서 이직한 사람이 이토록 빨리 스타그룹에서 자리를 잡기란 불가능했을 것이다. 그런 상사와 대립하고 있는 것이다.

　김치국은 마른침을 삼키고 나서 회장인 김학수를 바라봤다. 김학수 회장은 늙긴 했지만 눈빛만은 여전히 형형했다. 그 눈빛에는 맨손으로 시작해 굴지의 대기업을 일으켜 세운 의지가 담겨 있었다.

　"이번 사업은 100퍼센트 실패합니다. 과거에 TV 사업에 도전했다가 입은 손해만큼 큰 타격을 받을 게 뻔합니다. 이젠 기업의 이미지도 있습니다. 전자분야에는 경험이 많지 않아 기존의 대기업 제품에 비해 성능과 디자인, 인지도 면에서 밀리고 중소기업 제품에 비해 가격으로도 밀릴 겁니다. 그렇게 실추된 회사의 이미지는 금전으로 환산하기 힘들 겁니다."

　김치국은 숨을 고르며 회장의 말을 기다렸다. 분명 회장은 장사꾼이다. 때문에 자신의 냉철한 분석이 마음에 들지 않겠지만, 곧 수긍하고 받아들일 것이다. 그런데 회장의 입에서

뜻밖의 말이 나왔다.

"나가!"

"예?"

김치국은 어리둥절한 표정으로 되물었다.

"네놈이 회장이야? 어디서 건방지게 나서!"

불쾌함으로 온몸을 부들부들 떠는 회장을 바라보자 김치국은 말문이 막혀버렸다. 그는 더 이상 회의에 참석하지 못하고 고개를 숙인 채 회의실을 나서야만 했다. 그를 바라보는 이사들의 시선은 차가웠다.

"휴우…."

그날의 일을 생각하자 김치국은 길게 한숨부터 나왔다. 회장이 그토록 첫 사업의 실패를 뼈아파하는지 알 리 없었기 때문에 벌어진 일이었다. 답답했다. 틀린 말을 한 게 아닌데, 회장은 그를 내쳤다. 권위적으로 자신의 의견을 묵살했다는 사실을 견딜 수가 없었다. 내가 이 회사를 위해서 얼마나 많은 일을 했는데….

차라리 이 회사로 이직하기 전으로 돌아갔으면 하는 생각마저 들었다. 이렇게 말이 통하지 않는 회사라면 앞으로의 미래도 보장할 수 없기 때문이다.

멀리서 지켜보고 있던 태봉은 김치국의 얼굴에서 결의를 엿볼 수 있었다. 그 결의는 며칠 지나지 않아 현실로 다가왔다.

내가 없어도
회사는 잘 돌아간다

"팀장님 사표내신 거 알아요?"

같은 부서 직원인 조은희가 조심스럽게 말을 꺼냈다.

그녀는 태봉의 아내와 언니 동생 하는 사이로 가깝게 지내
기 때문에 대하기 편한 여직원 중 한 명이었다.

"팀장님이 말입니까?"

태봉은 믿기지 않는 얼굴로 되물었다.

"그렇다니까요. 지금 부장님이랑 함께 박 이사님 만나고 계
세요. 사실은 인사부에 있는 친구한테 들은 얘기인대요…."

그녀는 비밀을 알려주는 듯 조심스럽게 주위를 살피며 말을

이어갔다.

"우리 팀장님, 지방 영업소로 발령 난다고 하더라고요. 며칠 있으면 인사발령 날 거라고 하더라고요. 그걸 미리 알고 팀장님이 먼저 그만두시겠다고 그런 거 같아요."

"제가 그만두겠습니다."

김치국의 음성은 단호했다.

"회장님이 그렇게 MP3 사업에 집착하시는 줄 몰랐던 건 제실수였습니다. 하지만 사업가시지 않습니까. 사업적인 타당성마저 고려하지 않고 개인적인 감정으로 사업을 하시는 걸보면서 더 이상 제가 이곳에 있을 수 없다고 생각했습니다."

박 이사는 의자에 깊숙이 몸을 기대고 앉아 묵묵히 고개를 끄덕이며 듣고 있었다.

"회사 직원은 장기판의 말이 아닙니다. 오너 뜻에 따라 아무생각 없이 움직이는 존재가 아니란 말입니다. 직원들의 개성을 최대한 존중하고 그 개성을 잘 활용하는 것도 오너의 능력이라고 생각했습니다. 저도 다 생각이 있고, 나름대로 판단을했기 때문에 그런 직언을 드린 거였습니다. 그런데도 저를 내치신다면 더 이상 이 회사와 인연이 없다고 생각하기로 했습니다."

"더 할 말 없나?"

"전 다만…."

김치국은 가슴속에서 울컥 올라오는 감정을 추스르지 못했고, 그의 음성은 떨렸다. 그동안 최선을 다해 일한 결과가 이렇게 아무렇지도 않게 여겨진다는 사실이 못내 견딜 수가 없었다.

"전 다만 회사를 위해서 오너처럼 생각했을 뿐입니다."

"오너처럼 생각하고, 회사를 위해 일을 할 수는 있네. 하지만 자네가 오너가 되었다고 착각하는 것은 어리석은 짓이라네."

박 이사의 음성은 냉정했다.

"회장님께서 MP3 사업은 접기로 하셨네. 사업적인 타당성을 충분히 검토해보고 내리신 결론이네. 자네에게 얘기해줘야 할 것 같아서 하는 말일세."

김치국은 그 자리에서 얼어붙어버렸다. 자기가 그렇게 직언할 때는 자기를 내쳤으면서 결국 사업을 접겠다니. 농락당한 기분이었다. 그에게 박 이사는 마지막 말을 던졌다.

"아무리 몸에 좋은 약이 쓰다고는 하지만, 쓰지 않도록 최대한 배려하는 것이 오너에 대한 직원의 태도라는 걸 잊지 말게."

김치국은 넋 나간 사람처럼 책상 위에 있는 물품을 정리해 회사를 나섰다. 그 사건은 한동안 회사 내에서 많은 사람들의 입에 오르내렸다.

　"상사에 대한 직언은 무척이나 어려운 일이라네."
　서 차장은 말을 이어갔다.
　"회장님의 오른팔로 불리는 비서실장 알지? 그 사람이 내게
들려준 얘기네. 윗사람에게 할 말은 해야 한다거나 바른말 하
는 사람이 출세한다는 얘기는 세상물정 모르는 사람들이 대책
없이 하는 말이라는 거야. 자기 분야에서 성공하고 장수한 분
들도 사석에서 그 비슷한 얘기를 한다더군. 대기업의 나이 지
긋한 오너는, 귀에 거슬리는 얘기보다 듣기 좋은 소리를 하는
사람을 더 좋아하는 게 인지상정 아니냐고 말씀하셨대. 그분
은 현명한 사주는 회사 일을 맡길 사람과 같이 술을 마시러 다
닐 사람을 엄격하게 구분한다는 말도 덧붙였다고 하더군."
　태봉은 좀처럼 듣기 어려운 이야기에 귀를 기울였다.
　"사실 요즘이 어떤 세상인가? 업무 능력도 있어야 하지만
오너를 설득할 수 있는 기술도 있어야 고위직에 오를 수 있
어. 실제로 오너의 총애를 받는 상사를 모시는 조직이 사기가
높고, 업무 효율 또한 높은 경우가 많다고 하더군. 사사건건
윗사람들과 충돌하는 상사는 자신은 물론 아랫사람들까지도
힘들게 한다는 거야."

태봉은 눈빛을 빛내며 서 차장이 하는 말을 듣고 있었다.

"비서실장이 해준 얘기 하나 더 해주지. 국내 굴지 재벌기업의 2인자 소리를 듣던 기업가의 처세술을 얘기해주었는데 한번 음미해볼 만해. 그는 제왕 소리를 듣던 회장의 무모한 사업계획이나 대책 없는 지시에 대해 면전에서 한 번도 이의를 제기하지 않았다고 해. 대신 단둘이 있는 자리에서 이런저런 문제점도 있을 수 있다고 공손하고 논리적으로 설명했다고 하더군. 나중에는 회장도 그가 공개적인 회의석상에서 가타부타 아무런 말이 없을 때는 '나 좀 봐' 하고 별실로 불러 무슨 문제가 있느냐고 물었다고 하더라고."

"정말 상사를 대하는 기술이 놀라울 정도로 뛰어나네요."

"그렇지. 어느 자리에서건 분위기를 파악하는 능력을 갖추는 게 직장인으로서 성공하기 위한 아주 중요한 열쇠라네. 이게 바로 여섯 번째 알파라네."

알파 6 : 성급하게 굴지 말고 상황에 맞춰 행동하라.

태봉은 김치국이 어떤 큰 실수를 한 것인지 알 수 있었다. 많은 중역들 앞에서 회장을 시장 변화를 모르는 집요한 노인네 취급을 한 것이다.

"어떤 사람들은 이 능력을 상황지능이라고 한다네. 자신이 처한 상황을 예리하게 파악하고 그런 상황에서 뭘 해야 할지를 아는 능력을 말한다네. 자기가 나설 수 없는 곳에서는 힘을 빼고, 나서야 하는 곳에서는 힘을 주어 자신을 부각시키는 거야. 자네 실용지능이라는 단어 들어봤나? 상황지능이 뛰어난 사람은 실용지능도 뛰어나다네. 상황지능은 무슨 말을 해야 하는지, 어떻게 말을 해야 하는지 판단하는 센서 작용을 말하는 거지. 어렵게 돌려 말할 필요 없이 한마디로 주제 파악을 하라는 거야."

"쉽지는 않군요."

태봉은 어깨를 으쓱하면서 한마디를 거들었다.

"오너처럼 생각하고, 상사의 고민을 해결해주려고 노력하되 세심하게 행동해야 한다는 거군요. 주제 파악을 못하면 건방져 보이거나 상사를 무시한다는 인상을 줄 수 있으니까."

"중요한 건 분위기를 파악하는 감각이야. 전에도 말했듯이 균형 잡기 게임이라네. 한쪽으로 너무 기울어져서는 안 되지. 외줄타기를 생각해보게."

서 차장은 손가락으로 줄을 긋는 시늉을 하며 설명을 이어갔다.

"몇 걸음만 더 걸어가면 승진과 포상이라는 목적지가 있는

데, 그 목적지를 바라보면서 중심을 잡지 않으면 손을 뻗어 움켜쥐기 전에 줄에서 떨어진다는 거지. 성공하려면 가깝지도 않고 멀지도 않은 자세를 유지하고, 능력은 있지만 적절히 숨길 수도 있어야 하는 거라네."

"지난번에 말씀하신 '열심히 하는 것'과 '자기 것만 챙기는 속물이 되지 않는 것' 사이의 균형을 말씀하시는군요."

"그렇다네. 젊은 날에는 지나치게 과속하지 않도록 주의해야지. 다들 좋다 좋다, 당신이 최고다 그러더라도 절대로 과속하지 말아야 해. 그러니까 주변 분위기 때문에 너무 들뜨면 곤란하다는 말이야."

결국 김치국이 분위기를 파악하지 못하고 섣불리 회장 앞에서 나선 게 문제였다. 그리고 자신을 아껴주는 박 이사를 건드렸다가 회사를 떠나게 되었다. 김치국은 회사 문을 나설 때까지도 어리둥절해하고 있었다.

"쯧쯧쯧. 저 친구는 아직도 자기 잘못을 잘 모를 걸세."

회사 문을 나서는 김치국을 바라보며 서 차장은 혀를 찼다.

"자기처럼 똑똑하고 일처리 잘하는 사람을 내보내는 건 회사 손해라고 생각할 테지. 하지만 그 자리를 대신할 수 있는 사람은 넘치고 넘친다네. 회사에는 많은 인재들이 있으니까."

"그렇겠죠. 일할 능력이 있는 사람들을 뽑아서 월급을 주는 거니까요.”

“이 일은 나밖에 못하고, 내가 없으면 회사가 안 돌아간다는 생각은 버려야 하네. 이것 역시 주제 파악을 못한다고 볼 수 있지.”

“정말 어렵군요.”

태봉은 고개를 저었다.

“상사처럼 일하고, 오너처럼 고민하는 게 필요하지만 주제 넘게 행동으로 옮겼다가는 단번에 내쳐질 수 있다니.”

서 차장 역시 씁쓸한 미소를 지었다.

“그게 바로 회사원의 비애지. 직원은 회사라는 커다란 기계 안에 있는 하나의 부속품 아닌가.”

태봉의 입에서는 자기도 모르게 볼멘소리가 흘러나왔다.

“언제든 교환할 수 있는 부속품이라면 너무 아슬아슬한 삶 아닙니까! 어디 불안해서 일하겠습니까? 아슬아슬해서 성공하려고 노력이나 해보겠느냐 말입니다.”

“아슬아슬한 삶, 언제든 부속품같이 교체될 수 있는 삶. 그런 불안함은 가질 필요가 없네. 그만큼 처신을 잘한다면 똑같은 부속품으로 여겨지지 않고 얼마든지 개성 있고 능력 있는 직원으로 대우받을 수 있을 테니까.”

서 차장은 확신에 찬 얼굴로 말했다.

"능력 있는 사람들 중에 불안해하는 사람은 많지만, 성공하는 사람들 중에 불안해하는 사람은 별로 없네."

"어째서 그렇습니까?"

"바로 주위 사람들의 마음을 얻기 때문이지."

"주위 사람들의 마음을 얻는다면 성공한다구요?"

태봉은 조급한 표정으로 물었다. 서 차장은 고개를 끄덕였다.

"물론일세."

"어떻게 하면 주위 사람들의 마음을 얻을 수 있는지 자세히 말씀해주세요!"

"그건 자네가 직접 알아보게."

서 차장은 재미있다는 듯 빙그레 미소를 지어보였다.

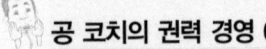

분위기 파악을 제대로 하는 5계명

윗사람에게 같은 이야기를 전달하더라도 다양한 방법이 있다. 직설적으로 자신의 의견을 전부 드러내는 것이 늘 올바른 것은 아니다. 신중해야 하고 융통성이 있어야 한다. 우회적인 방법으로 얼마든지 자신의 의견을 제시하고 타인을 움직일 수 있다. 이런 점에서 젊음은 늘 과속으로 돌진할 가능성이 있다. 오랫동안 쌓아온 기반을 성급함으로 날려버리지 않도록 주의해야 한다.

1. 지나치게 나대지 않도록 한다.

젊음과 똑똑함 그리고 치열함이 합해지면 자칫 상황에 대한 충분한 고려 없이 성급하게 나설 수 있다. 신중함은 아무리 강조해도 지나친 법이 없다.

2. 면밀한 관찰로 상황을 정확히 파악해야 한다.

어느 정도의 강도로 나서야 할지 상황을 정확히 파악하고 난 다음에 행동해야 한다. 늘 상황을 정확히 파악하는 능력 즉, 상황지능을 연마해야 한다.

3. 가능한 정면충돌을 피해야 한다.

윗사람이 확신을 갖고 있는 듯이 보이는 문제에 대해선 공식적인 장소에서 비판하거나 반대하지 않는다. 그러면 상대방이 무안을 느낄 수 있기 때문이다. 상대방의 면을 세워주면서 문제를 해결할 수 있는 다른 방법을 찾아야 한다.

4. '아' 와 '어' 는 다르다.

같은 말을 전달하더라도 얼마든지 상대방을 배려해서 말할 수 있다. 반대 의견을 이야기할 때도 반드시 상대방의 감정을 고려해야 하며, 늘 함께하는 사람임을 잊지 않도록 해야 한다.

5. 때로는 충돌을 무릅쓰고라도 자신의 의견을 명확히 밝혀야 한다.

그때가 언제인가는 각자가 판단할 몫이다. 늘 의견 대립을 피하기만 하는 사람은 무대의 중심에 설 수 없다. 다시 말하면 의견 대립을 피하는 사람은 주변 사람들로부터 '사람이 무난하다' 는 평가를 받을 수 있을지 모르지만 자신을 드러낼 수 있는 결정적 시기를 놓치게 된다. 가장 공손한 자세로 임해야 하지만 결정적인 기회라고 판단하면 자신의 의견을 적극적으로 드러내야 한다. 조직의 생존과 성장이라는 측면에서 반드시 나서야 할 때라고 생각하면, 소수의 위치에 있더라도 행동해야 한다. 자신의 의견을 관철시키려는 의지, 반대를 적극적으로 설득하려는 의지, 의견 충돌로 인한 갈등을 감내하는 의지는 권력으로 가는 길에 필수불가결한 면이 있다. 늘 유순하기만 한 사람은 권력을 잡을 수 없다. 결정적 시기에는 나설 수 있는 용기가 있어야 한다.

제 7 장

성공은
공감 능력이다

서태봉,
아들과 친해져라

"사람들의 마음을 얻는 법?"

한지애는 느닷없는 태봉의 질문에 두 눈을 동그랗게 뜨고 물었다. 부부는 아들 한결이와 함께 근처 공원을 산책하는 중이었다. 한지애는 남편의 물음에 생각에 잠겼다.

태봉은 하늘거리는 나비를 쫓아가는 한결이를 따라 걸음을 옮기며 아내의 대답을 기다렸다. 태봉은 성공의 비결인 알파의 존재를 알고부터 지금까지 많은 것을 깨달았다. 열심히 일해 실력을 쌓아야 한다는 것, 상사에게 호감을 주는 법, 겸손해야 한다는 것, 그리고 분위기를 파악하라는 것까지.

하지만 가장 아쉬운 것이 남아 있었다. 바로 동료와 후배들과의 관계였다. 사실 상사를 대하는 법에 대한 이야기는 많이 들었고, 직접 체험도 했다. 하지만 자신이 주로 부대끼며 생활하는 이들은 바로 동료와 후배들이 아닌가.

태봉은 박범수의 승진 축하 회식자리에서 자신을 바라보던 동료와 후배들의 싸늘한 시선을 잊을 수가 없었다. 또한 그들은 태봉이 승진에서 누락된 데 대해 아무도 위로의 말을 건네지 않았다. 태봉은 그들의 마음을 얻지 못했음을 알고 있었다.

짐을 챙겨 회사를 떠나는 김치국의 모습도 떠올려 보았다. 자신의 능력을 과신하고 분위기 파악을 못한 탓에 출세의 궤도에서 이탈하게 되었을 때 많은 사람이 그를 위로하기는커녕 비웃어주었다. 누구 하나 진심으로 그의 실패를 안타까워하고 위로해주는 이가 없었다. 괜히 주류와 멀어진 그에게 접근했다가 불똥이라도 튀지 않을까 경계하는 모습이었다.

또한 동창회 모임에서 박성호에게 아무도 말을 걸려 하지 않던 모습도 떠올랐다. 능력과 상관없이 서태봉과 김치국, 박성호 모두 주위 사람들의 마음을 얻지 못하고 있었음이 확실했다. 어차피 조직이란 이해관계가 얽혀 있는 사람들의 집합이기 때문에 상사든 동료든 내게 호감을 갖고 있는 사람이 많을수록 유리한 게 분명했다.

"왜 사람들의 마음을 얻고 싶은 건데?"

한지애의 물음에 태봉은 어깨를 으쓱거렸다.

"출세하려고."

"아빠가 되더니 달라졌는데. 거기까지 생각한단 말이야?"

그녀는 장난치듯 태봉의 옆구리를 찌르며 말했다.

"하긴, 상사의 눈으로 봐도 사람들과 잘 지내는 직원들에게 믿음이 더 가지. 트러블메이커는 믿음이 가지 않더라고."

"아부! 아부!"

그때 마침 앞에서 아장아장 걷고 있던 한결이가 뒤돌아서서 무슨 말을 했다. 아이는 손짓 발짓을 해가며 뭔가 열심히 말을 하고 있었지만 태봉은 알아들을 수가 없었다.

"무슨 말을 하는 거야?"

아빠, 엄마, 밥, 물 정도의 간단한 단어밖에 말하지 못하는 아이가 웅얼거리는 소리를 도대체 무슨 수로 알아듣는단 말인가.

"요즘 회사일 바쁘다고 너무 한결이에게 소홀한 거 아냐? 아빠 자격 없음이야."

한지애는 한결이에게 다가가 얼른 바지를 벗기고 갖고 있던 작은 음료수 통에 오줌을 누게 했다. 한결이는 만족스러운 듯한 표정을 지었다.

"우리 왕자님, 오줌이 마려웠구나."

태봉은 머리를 긁적였다. 아빠로서 아이가 오줌이 마려운지, 배가 고픈 건지도 알아차리지 못한 미안함에 얼굴이 붉어졌다.

"이게 바로 사람의 마음을 얻는 방법이야, 서방님."

한지애는 태봉의 옆구리를 찌르며 말했다.

"그게 무슨 말이야?"

"흐음, 내가 재미 있는 이야기 하나 들려줄까."

그녀는 장난기 어린 얼굴로 이야기를 시작했다.

좁은 다리가 있었다. 그 다리는 너무 좁아서 사람과 차들이 한쪽으로 바짝 비켜서 지나가야만 했다. 더러 차를 피하다가 더러운 물이 흐르는 하천으로 빠지는 사람들도 있었다. 그럴 때마다 운전자와 물에 빠진 사람들 사이에 실랑이가 벌어지곤 했다. 그래서 사람들은 맞은 편에서 차가 오면 눈살을 찌푸렸다.

"아니 왜 넓은 다리 놔두고 이 좁은 다리로 차를 몰고 들어와서 걷는 사람들 불편하게 만드는 거야?"

운전자 역시 사람들을 바라보며 혀를 찼다.

"쯧쯧쯧. 도대체 사람들은 왜 차 한 대 지나가기도 좁은 이

217

다리를 굳이 건너가겠다고 오는지 모르겠네."

걷는 사람들과 운전대를 잡은 운전자는 서로 비켜 지나가면서 상대방을 바라보며 짜증스러운 표정을 지었다.

어느 날 항상 차를 운전해 다리를 건너던 사람이 걸어서 다리를 건너게 되었다. 마침 맞은 편에서 오는 차를 발견하고 다리 옆으로 바짝 붙어서 걸어야만 했다. 그는 눈살을 찌푸리며 생각했다.

'도대체 넓은 다리 놔두고 왜 사람 다니기도 좁은 이 다리로 차를 몰고 들어와서 걷는 사람들 불편하게 만드는 거야?'

막상 차가 옆으로 지나갈 때 운전대를 잡은 운전자를 바라보던 그의 눈이 휘둥그레졌다. 운전자는 그가 차를 몰고 다리를 건널 때 늘 걸어서 다리를 건너던 낯익은 사람이었다. 그 때도 서로 눈살을 찌푸리며 어째서 이 다리를 굳이 건너는지 모르겠다는 표정으로 상대방을 쳐다보았다. 그런데 처지가 바뀐 지금도 그런 표정으로 서로를 바라보고 있는 것이다.

"역지사지易地思之를 말하는 거야?"

"맞아, 역지사지!"

한지애는 남편이 퀴즈대회 우승이라도 한 듯 환호했다.

"우리 한결이, 아빠한테 아까 많이 서운했지? 한결이 입장에서 생각했으면 금방 알 수 있었을 텐데 아빠가 몰라줬네. 미안해."

태봉이는 한결이를 안아 하늘 높이 올렸다. 아이는 까르르 웃으며 한껏 기분 좋은 표정을 지었다.

"부모는 아이가 하는 말을 알아듣진 못하지만 아이의 표정과 손짓을 보고 무슨 말을 하려는지 알아차릴 수 있어. 그게 바로 역지사지의 기본인 거지."

태봉은 고개를 끄덕였다.

"하지만 자기 말대로 출세를 위해 상대방의 마음을 얻는 건 좀 틀려. 상대방의 입장을 헤아려 보는 건 맞지만 윤리 교과서에 나오는 이야기가 아냐. 내가 상대방의 입장에서 생각해보라는 건 바로 욕구, 그러니까 '뭔가 원하는 것'에 관한 부분이야. 사람은 누구나 다양하고 복잡한 욕구를 가지고 있잖아."

"욕구?"

"좀 전에 말한 좁은 다리 이야기에서 사람들은 서로 다리를 건너고 싶어해. 다리를 건너려는 건 사람들의 욕구지. 그 욕구를 막는 것은 다리를 걷는 사람들일 수도 있고, 다리를 건너는 차량일 수도 있어."

그녀는 양손으로 주먹을 쥐어서 허공에서 부딪히는 제스처를 취해 보였다.

"서로의 욕구가 부딪히게 되면 거기서부터 갈등이 생기게 되는 거야."

"서로 원하는 게 다르면 갈등이 나타나는 건 당연한 거잖아."

태봉의 말에 한지애는 쥐고 있던 한쪽 주먹을 활짝 폈다.

"만일 상대방의 입장이 돼서 서로의 욕구를 이해하고 피해 준다면 어떨까? 사람들은 스스로 해결하지 못하는 욕구를 충족시키기 위해 다른 사람에게 요구를 해. 어떤 경우든 요구 뒤에 숨겨진 욕구를 찾아낼 수 있다면 갈등의 상당 부분은 없어져."

"사람들이 건널 때까지 차가 기다려준다거나, 차가 지나갈 때까지 다리 위로 사람들이 올라가지 않는다면 당연히 고마워하겠지."

그녀는 고개를 끄덕였다.

"맞아, 고마워하겠지. 그게 바로 마음을 얻는 거야. 상대방이 무엇을 원하는지 생각해보고, 내 자신이 그걸 원한다고 상상하는 거야. 시뮬레이션이라고 하잖아. 그러면 어떻게 그 사람의 마음을 얻을 수 있을지 답이 나올 거야. 우리 연애할 때 당신은 내 마음을 귀신같이 알아차렸어."

"하지만 무작정 사람들이 다리를 건널 때까지 차에 탄 사람이 기다리고만 있을 수는 없잖아."

"물론 그렇지. 어느 정도 합의가 필요하지. 다리를 건너는 사람들이 지나갈 때까지 차가 어느 정도 기다려주면 그 뒤로는 차가 지나갈 때까지 걷는 사람들이 기다려줘야지. 도로에 있는 신호등을 보면 알 수 있잖아. 길을 건너겠다는 사람들의 욕구와 도로를 달리겠다는 차의 욕구가 만들어낸 절충안. 서로의 욕구를 알고, 상대 입장에서 생각해서 만들어낸 절충안이지."

한결이가 다가와 이번에도 '아부, 아부'라며 아빠를 불렀다.

"우리 한결이 아빠랑 공놀이 하자는 거구나!"

태봉은 앞에 있는 공을 발로 한결이에게 조심스럽게 찼다. 아이는 기분이 좋을 때만 들을 수 있는 특별한 소리를 내면서 공을 향해 아장아장 쫓아갔다. 한지애는 이런 말을 덧붙였다.

"한결이와 나 사이에는 갈등이 거의 없잖아, 왜냐하면 엄마는 언제나 기꺼이 한결이의 욕구를 만족시켜 줄 준비가 되어 있거든."

"아이 마음을 이해하는 것도 이렇게 어려운데……."

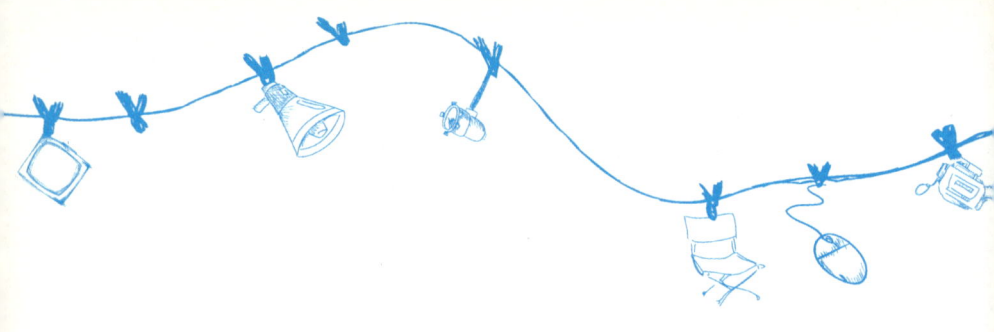

역지사지
정신

다음날 태봉은 출근하자마자 자재부로 향했다.

"잘 알고 있군."

서 차장은 만족스러운 듯 미소를 지으며 태봉에게 손을 내밀었다.

"자네 악수의 유래를 아나?"

"글쎄요."

태봉은 얼떨결에 서 차장의 손을 마주잡으며 말했다.

"사람들은 악수를 오른손으로 한다네. 왼손으로 악수를 하는 건 실례라고 생각하지. 옛날 사람들이 모두 오른손을 사용했기 때문이라네. 왼손잡이가 있어도 오른손을 사용하게 했지. 대부분 힘쓰는 일이나 싸울 때 무기를 드는 일도 오른손을 사용했다네. 그래서 모르는 사람을 만나면 사람들은 의식적으로 상대방의 오른손을 보게 되었네. 나를 공격할 것인가, 손에 무기를 들고 있지 않은가, 살펴야 하니까. 서로 악의가 없다는 것을 보여주려고 사람들은 오른손에 아무것도 들고 있지 않다는 걸 보여줬네. 그리고 당신과 싸우고 싶지 않다는 의미로 악수를 하게 되었지."

"그런 뜻이 있었군요."

태봉은 신기한 듯 자신의 빈 오른손을 바라봤다.

"사람들의 관계는 욕구와 욕구의 만남인 경우가 많네. 그렇기 때문에 상대방이 무엇을 원하는지 알고, 상대방 입장이 되어서 생각해보면 그 사람의 욕구를 풀어줄 수 있다네. 그러면 상대방의 마음을 얻을 수 있겠지."

"회사생활뿐만이 아니겠군요."

"물론일세. 회사생활뿐만 아니라 가정생활에서도, 친구 관계에서도 통용되는 원칙이지. 사람은 욕구로 가득찬 동물이야. 그러니 내 욕구를 알고 이룰 수 있도록 도와주는 사람에게 호감을 갖게 되겠지."

태봉은 서 차장의 말에 고개를 끄덕였다. 가려운 곳을 긁어주는 사람에게 호감을 느끼는 것은 당연한 일이다. 서 차장은 태봉에게 물었다.

"다른 부서 직원이 업무 협조를 부탁하러 왔다면 자네는 어떻게 하겠나?"

"당연히 빨리 도와줘야겠죠. 분명 급한 일일 테니까요."

"왜 그렇게 생각하나? 그 사람은 '시간 여유가 많으니 천천히 주세요. 저도 간만에 비는 시간 동안 다른 볼일을 보고 싶어요'라고 속으로 생각할지 모른다네. 하지만 그걸 직접 대놓고 말할 수는 없겠지. 그런데 자네가 '1시간 안에 줄게요'라고 말하면 그의 기분이 어떻겠나? 상대의 숨어 있는 욕구 혹은 속내를 읽어내는 것이야말로 사람의 마음을 얻는 가장 중요한 방법이라네."

"어떻게 그 사람의 욕구를 알 수 있는 겁니까?"

"역지사지를 통해서 그 사람의 입장이 되어보게나. 그래서 사람을 읽어야지. 사람을 읽는 능력은 욕망뿐만 아니라 자기에게 해를 끼칠 수 있는 사람과 출세로 이끌어줄 수 있는 사람들을 알아보는 능력으로 발전할 수 있다네."

"후!"

태봉은 심호흡을 했다.

"상대방을 읽는 능력은 쉬운 게 아닐 텐데요. 모든 사람이 독심술을 갖고 있는 것은 아니잖습니까."

"물론 그렇지. 직관이 적중하려면 많은 투자를 해야 한다네."

"투자라면 경험을 말씀하시는 것 같은데 시간이 너무 오래 걸리는 것 같습니다. 출세하는 비법을 터득하는 데 젊은 날이 다 지나갈지도 모른다고요."

태봉은 답답한 듯 말했다.

"그렇지. 경험으로 배우는 건 전에도 얘기했듯 많은 시간과 값비싼 비용을 지불해야 한다네. 하지만 직접 경험으로만 배우지 않아도 된다네. 간접 경험으로도 가능하지. 예를 들면 인생 선배나 멘토를 만나 허심탄회하게 얘기를 나누거나 심리학 서적 혹은 자서전을 읽어보게. 간접 경험에는 여러 가지가 있으니까 자기에게 맞는 걸 찾으면 되겠지."

서 차장은 태봉에게 충고하듯 말을 이어갔다.

"자기 나름대로 가설을 세우고 확인하고 하다 보면 결국 그런 과정이 쌓여 사람을 대하는 자기만의 노하우가 생기지. 사람을 읽는 능력은 조직생활뿐만 아니라 가족, 친구 관계, 아이들을 키우는 데도 많은 도움이 될 수 있다네."

서 차장은 태봉의 어깨에 팔을 감으며 말했다. 지금까지 그들은 많은 대화를 나누었고 그만큼 친밀해졌기 때문에 태봉은 특별히 거부감이 들지 않았다.

"누군가 자네의 욕구를 이해하고 그 욕구를 이룰 수 있도록 도와준다면 자넨 어떻게 하겠나?"

"물론…."

"이렇게 되겠지."

서 차장은 태봉의 어깨를 감은 팔에 힘을 주며 말했다.

"나는 성공하고 싶다는 자네의 욕구을 이해했고, 그것을 도와주려고 애쓰고 있네. 그렇기 때문에 자네는 나에게 친밀감을 느끼고 있지 않은가. 어떤 경우라도 마찬가지일세. 자기를 이해해주는 사람을 만나면 그 사람 편이 되는 거지. 상대방이 상사든 동료든 일 때문에 만난 업체 직원이든 상관없이 말일세."

태봉은 왜 어깨동무를 하고 있는 서 차장의 행동에 전혀 거부감이 들지 않는지 이제야 깨달을 수 있었다. 그는 자신을 도와주고 있다. 그는 성공하겠다는 자신의 생각을 이해해줬고, 그 방법을 알려주기 위해 많은 시간을 투자하고 있다. 그렇기 때문에 태봉은 서 차장에게 마음을 준 것이다. 서 차장은 태봉의 마음을 얻었다.

"사회생활에서 상대방이 내게 호의를 갖는다는 것은 정말 중요하다네."

서 차장은 자신을 바라보는 태봉의 표정에 아랑곳하지 않고 말을 이어갔다.

"아무런 이득이 없는데도 상대방이 내게 작은 배려를 해주었다고 생각해보게. 자네에게 배려를 해주는 사람이 많다면 자네는 어떤 일을 하더라도 성공할 수 있을 걸세. 사업하는 이들을 생각해보게. 성공하는 사업가는 그가 자고 있을 때 누군가가 그를 위해 뛰어주고 있다네."

서 차장은 태봉의 어깨에 감았던 팔을 풀고 가볍게 등을 두드렸다.

"사람을 읽고, 그 사람의 욕구를 알아차리는 능력이야말로 사람을 얻는 능력이라네. 강연장에서 청중들의 마음을 얻고, 상사를 대할 때 상사의 마음을 얻고, 고객을 대할 때 고객의 마음을 얻는다면 그게 바로 성공이라네."

태봉은 또다시 막막함을 느꼈다.

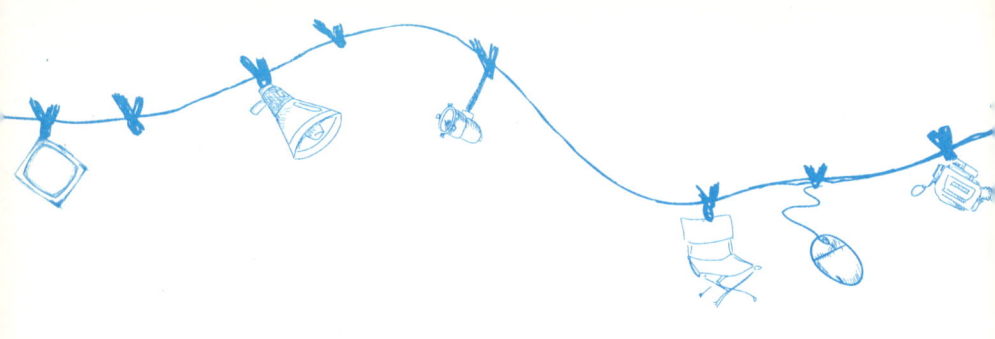

'공감 능력'이 떨어지는
엘리트의 한계

처지를 바꿔 생각하는 역지사지, 사람을 읽고 마음을 얻는다는 것은 말처럼 쉬운 일이 아니었다. 만일 그것이 쉬운 일이라면 수억 원대 연봉을 받는 보험왕이 보험사마다 넘쳐날 것이며 자동차 판매왕도 넘쳐날 것이다.

"그렇지. 그래서 필요한 게 바로 공감 능력이라네."

알파 7 : 공감 능력을 키워라.

"공감 능력이라…."

태봉이 막막한 표정을 짓자 서 차장은 차근차근 이야기를 풀어나갔다.

"상대방 입장에서 생각해보고, 그 사람이 무엇을 고민하는지, 무엇을 원하는지 알아도 제대로 대처할 수 없다면 아무것도 해결할 수 없다네. 상대방과 공감대를 형성해야만 소통할수 있다네. 생각해보게. 좋은 집안에서 태어나 고생 한번 해보지 않은 사람이 당장 생활비가 없어 애를 태우는 사람의 마음을 이해할 수 있겠나? 공감대를 형성할 수 있겠느냐는 말이지. 두 명의 유학생 이야기를 들려주지."

두 명의 유학생이 있었다. 두 사람은 먼 외국 땅에서 각자의 꿈을 위해서 가족과 떨어져 공부를 하는 처지였기 때문에 자주 만나서 이야기를 나눴다.

그날 역시 함께 마주앉아 대화를 나누고 있었다. 대화의 주제는 '절약'이었다. 한 유학생이 자랑스럽게 말했다.

"난 이번 달에 정말 절약하는 생활을 했어. 식비를 줄이려고 외식은 절대 안 했고, 교통비를 줄이려고 강의실 갈 때 빌린 자전거를 타고 갔어."

그러자 또 다른 유학생도 맞장구를 쳤다.

"나도 이번 달에 열심히 절약했어. 아르바이트하고 돌아올 때는 운동도 할 겸 조깅을 했고, 식사비 아끼려고 식사시간 전에 아르바이트하는 레스토랑에 도착해서 함께 점심을 먹었지."

"이번 달에 절약한 생활비는 어떻게 사용할 거야?"

"물론 다음 학기 등록금에 보태야지. 아직 많이 모자라지만 그때까지 절약하면 어떻게 마련할 수 있을 것 같아. 그런데 넌 절약한 생활비를 어떻게 사용할 건데?"

그러자 질문을 받은 유학생이 한숨을 쉬며 말했다.

"어머니 선물로 사드리려고 점찍어둔 명품 핸드백이 너무 비싸서 그거 사는 데 보태려고 생각 중이야."

둘은 한참 동안 말없이 앉아 있었다. 두 사람은 그때부터 함께 앉아 대화를 나누지 않았다.

"우습군요."

서 차장의 말을 들은 태봉은 씁쓸한 미소를 지었다.

"한 사람은 아르바이트를 하면서 아끼고 아껴서 등록금에 보탤 생각을 하는데, 다른 사람은 명품 핸드백을 사려고 생각하고 있다니."

"명품 핸드백 사려고 절약하는 유학생은 결코 등록금을 걱정하는 유학생의 마음을 이해할 수 없을 걸세. 그리고 공감대도 형성할 수 없겠지."

태봉은 고개를 끄덕였다.

"그래서 좋은 배경을 가진 엘리트들이 주위 사람들을 이해하고 공감대를 형성하지 못해 시행착오를 겪기도 한다네. 그런 의미에서 공감 능력이 뛰어난 사람을 꼽으라면 난 버락 오바마를 뽑겠네."

"미국 대통령 오바마 말입니까?"

"그렇지. 그가 미국 최초의 흑인 대통령이 될 수 있었던 이유는 바로 공감 능력 때문이었다네. 물론 아버지가 안 계셔서 어렸을 때부터 충직하고 책임감 있는 남자가 되어야 한다는 굳은 의지도 한몫을 했겠지. 하지만 그의 핵심 능력은 누가 뭐래도 공감 능력이라네."

"오바마는 그런 능력을 어디서 배웠을까요?"

"그가 쓴 자서전을 보면 아직도 어머니가 강조한 간단한 원칙을 길잡이로 삼고 있다고 하더군. 오바마의 어머니는 '네가 그렇게 하면 다른 사람들의 기분이 어떨 것 같니?' 하고 강조했다고 하더군."

"네가 그렇게 하면 타인의 기분이 어떨 것 같니….'"

"똑똑하고 능력 있는 사람들은 매사를 자기중심으로 바라본다네. 타인의 눈으로 볼 줄을 모르지. 직장이나 사회에는 똑똑하고 능력 있는 사람들만 있는 게 아니라네. 그렇지 못한 사람들도 있지. 그런데 자신보다 좀 처지는 사람들과 공감하지 못하면 성공하지 못하네. 왜냐하면 탁월한 사람보다 평범한 사람들이 훨씬 더 많기 때문이지. 공감하지 못하는 엘리트는 그저 공부 잘하는 엘리트일 뿐 성공하는 엘리트는 아니라네."

서 차장은 만족스러운 얼굴로 태봉을 바라보며 말했다.

"그렇게 하면 자넨 회사 내에서 수많은 협력자를 만들 수 있을 걸세. 내가 상대방 입장이면 어떤 기분일까 하는 질문을 항상 던져보게. 의도하지 않아도 그런 생각을 할 수 있을 때까지 노력해보게. 그게 가능해지면 자네는 상대방의 마음을 얻게 될 걸세."

"마음을 얻게 되면…."

"성공하는 거지."

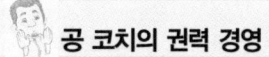

평판관리 5계명

권력의 사다리를 올라가는 데 동료나 부하들의 평판은 간접적인 영향력을 발휘하게 된다. 그런데 이런 관계를 소홀히 하는 사람들이 의외로 많다. 그 사람들은 오로지 위만 바라볼 뿐 옆과 아래는 보지 않는다. 그러나 권력을 획득한 이후 잘 유지하고 보수하고 발전시켜 나가는 데는 그들의 좋은 평판이 중요한 역할을 한다. 먼 미래를 보고 평판이란 자산에 투자하는 것이 권력을 추구하는 사람의 현명한 선택이다.

1. 소탈하게 행동하라.

스스로를 특별하게 생각하지 않도록 해야 한다. 열심히 하고 잘하다 보면 자칫 엘리트주의에 빠질 수 있다. '나는 그들과 달라' 하는 생각을 하면 주변 사람들과 부하들에게 소원하게 된다. 말, 행동, 의복 등 모든 면에서 자신 또한 그들과 다를 바 없는 사람이라는 것을 끊임없이 알려라.

2. 성심껏 대하라.

무엇이든 열심히 하고 잘하는 사람은 동료들의 부러움과 경계심을 고려해야 한다. 스스로를 낮추는 일은 부러움과 경계심을 다소 누그러뜨리고 동료와 부하들의 신망을 얻는 지름길이다. 그들로 하여금 장기적으로 함께 갈 수 있는 사람이라는 생각을 갖도록 해야 한다.

3. 도움을 줄 수 있는 위치에 있다면 도와라.

곳간이 넉넉하다면 동료나 부하들을 도울 수도 있다. 제한 없는 도움이 아니라 선별적인 도움을 뜻한다. 늘 의지할 수 있는 사람이라기보다 결정적인 위기나 필요할 때 도움의 손길을 내밀 수 있는 사람 정도로 자리매김하는 것이 좋다. 늘 상대방이 편안하게 이용할 수 있는 마음 좋은 사람이 되지는 말아야 한다.

4. 잘 맞지 않는 사람까지 맞추려 노력할 필요는 없다.

직업 세계에서 만난 사람들은 이미 성인들이다. 때문에 구조적으로 잘 맞지 않는 사람들도 있다. 맞추려 노력하지만 '영, 나와는 맞지 않는다'는 판단이 서면 호불에 관계없이 있는 그대로 대하면 된다. 이런 경우 추가적으로 자신의 자원을 투입할 필요는 없다.

5. '네가 상대방이라면…' 이라는 질문은 늘 도움이 된다.

상대방의 욕구를 정확히 파악하고 가능한 범위 내에서 충족되도록 돕는다. 더불어 불필요한 갈등이나 분쟁에 노출되지 않도록 해야 한다.

출세를 향해, GO! GO!

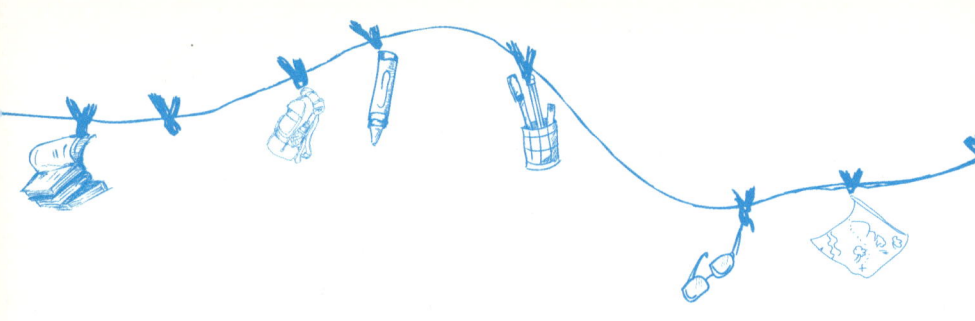

반복, 반복,
또 반복

"자 한잔 받게나."

서 차장은 태봉에게 술잔을 내밀었다. 태봉은 두 손으로 술잔을 받았다. 둘은 회사 옥상에서 마주앉아 술잔을 기울이고 있었다.

태봉은 근사한 곳으로 서 차장을 모셔가고 싶었지만, 서 차장은 그를 황량한 회사 옥상으로 데리고 왔다.

"우리가 만난 지 벌써 꽤 됐군 그래."

"그렇지요. 거의 반 년쯤 돼가는 것 같습니다."

태봉은 그동안의 시간을 떠올리며 말했다. 과장 진급에서 누락된 뒤 술에 취해 흐느적거리며 성공이란 단어를 마음속에서 지우려 했을 때부터 열심히 일하자고 마음먹고 아침 일찍 출근했다가 익숙하지 않아서 책상에서 꾸벅꾸벅 졸던 때가 엊그제 같았다.

하지만 이제 길고 어두운 터널을 통과한 것처럼 모든 것을 명확하게 알 수 있었다. '성공'이란 돈을 많이 벌고, 명예를 얻거나 회사에서 높은 위치에 오르는 게 아니라 자기 일을 자신 있게 할 수 있는 환경을 자기 스스로 만드는 것. 그리고 주위 사람들과 함께 어우러져 잘 지내는 것. 세월이 갈수록 점점 주변 사람들이 자신을 좋아하게 되는 것 등. 그 모든 것이 바로 성공이라는 사실을 알게 되었다.

태봉은 이제 자기 운명을 스스로 개척하는 인생의 주인으로서 새로운 삶을 살아갈 자신이 생겼다. 그 모든 것은 서 차장과의 만남 덕분이라는 생각이 들었다.

"감사합니다, 서 차장님!"

태봉은 진심을 담아 서 차장을 바라보며 말했다.

"아직 어떤 결론이 나온 게 아니잖은가. 항상 긴장하고 살게나."

서 차장은 흐뭇한 미소를 지어보였다.

"하지만 전 이미 성공의 비결인 알파를 알고 있지 않습니까.

이것만으로도 제 삶은 바뀌기 시작했습니다."

"잘 아는 사람은 세상에 수없이 많다네. 지금까지 우리가 나눈 이야기는 대부분 언젠가 누군가에게 들은 적이 있는 내용일 거야."

태봉은 서 차장의 말에 고개를 끄덕였다. 성공의 비결이라는 '실력×알파'에는 이미 그가 알고 있는 것들이 많았다. 아니, 대부분 알고 있는 것들이었다. 역시 시대가 변해도 기본은 변하지 않는 것이 분명했다.

"아는 것을 지속적으로 실천해서 완전히 뼛속에까지 새겨 넣을 수 있느냐가 관건이야. 그게 출세와 성공의 핵심이라네. 성공한 사람과 성공하지 못한 사람은 거기서 판가름 난다는 걸 명심하게. 많이 알지만 실천하지 않으면 아무런 소용이 없다네."

서 차장은 단호한 음성으로 말했다.

"아는 즉시 행동하는 것이 중요해."

"성공하기 위해선 행동해야지요. 걱정하지 마십시오."

"걱정은 무슨…. 모든 게 자네 몫인 걸."

서 차장은 어깨를 으쓱했다.

"한두 번 실천하다가 그만두는 사람은 천지에 깔려 있다네. 그래서 흔히들 '작심삼일'이라는 말을 하지 않던가. 성공의 핵심을 정확하게 이해하고 그것을 반복, 반복, 또 반복하는 데서 성공이 오는 법일세."

"결국 그렇게 되면 몸에 익은 습관이 되겠군요."

"그렇지. 반복, 반복, 또 반복하다보면 더 낫게 개선할 아이디어가 떠오를 걸세. 그렇게 해서 자신만의 성공 공식이 차근차근 쌓이게 되는 거지."

서 차장은 밤하늘을 바라보며 말을 이어갔다.

"성공은 결코 어렵거나 복잡한 게 아니더군. 보통 정도의 머리를 가진 사람이라면 누구나 가능하지. 두뇌보다는 핵심을 우직하게 반복할 수 있는가에 달려 있다네. 학창시절에 아둔해 보이던 친구들이 졸업 후 10년이 가고 20년이 가면서 두각을 나타내는 걸 보면 실력이 전부가 아니라는 걸 알 수 있지."

"그래서 '실력×알파' 라고 하는 거 아닙니까."

"그렇지. 알파를 자기 걸로 만들어내는 데는 좋은 머리도 필요 없고, 집안이 좋을 필요도 없고, 돈이 많을 필요도 없다네."

말을 마친 서 차장의 얼굴에서는 만족감과 함께 성취감이 엿보였다. 태봉은 그 성취감이 무엇에 대한 성취감인지 그때는 알지 못했다. 서 차장은 태봉에게 술잔을 내밀었다.

"마지막으로 우리 건배나 하지."

"마지막이라니요. 내일 출근하면 또…."

　말을 하던 태봉은 순간 불길한 예감이 들어 서 차장을 바라보았다.

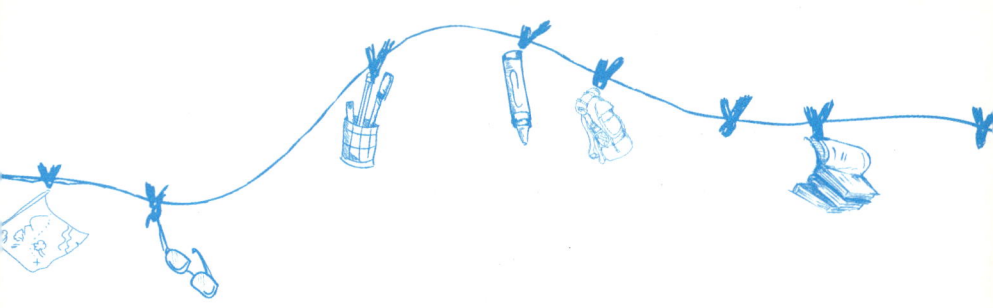

10년 후, 20년 후
나의 모습은?

"설마 정리해고라도 당하신 겁니까?"

"그런 게 아니라네."

서 차장은 미소를 지으며 고개를 저었다.

"나는 참 운이 좋다는 생각이 드네. 20년 전의 나와 이렇게 마주앉아 술잔을 기울일 수 있는 사람이 이 세상에 몇이나 되겠나?"

"그게 무슨?"

태봉은 의아한 표정으로 서 차장을 바라보았다. 난데없이 20년 전의 나라니?

"한결이한테 좀더 신경써주게. 어릴 때 아무것도 못해주면 나중에 후회만 남는다네. 아이와 함께 하는 시간도 금세 가버리네. 아이를 키우는 일도 많은 시간과 노력을 들여야 한다네. 그리고 장모님과 어머니께도 좀더 잘해드리게. 두 분 가셨을 때 많이 후회했다네."

그때 놀라운 일이 벌어졌다. 분명 회사 옥상에 있었는데, 순간 주위 풍경이 희미하게 사라지면서 그들이 처음 만났던 아파트 옥상으로 변하고 있었다. 눈으로 보면서도 믿어지지 않는 광경이었다.

"서 설마 좀 전에 20년 전의 나라는 말씀은…"

태봉은 믿기지 않는 얼굴로 그를 바라보았다. 서 차장은 마치 투명인간이라도 된 듯 점점 희미해져갔다. 서 차장 뒤쪽에 있는 아파트 앞 동이 그의 몸을 통과해 태봉의 시야에 들어왔다. 서 차장은 빙그레 미소를 지어보였다.

"말했지. 20년 전의 나라고."

"그럼 정말?"

태봉은 그때서야 서 차장을 처음 아파트 옥상에서 만났을 때 왜 그렇게 낯이 익은 모습이었는지를 깨달을 수 있었다. 그리고 그날 동창회 자리에 어떻게 가게 되었는지, 어떻게 입사 동기 모임에서 회사까지 가게 되었는지 모든 것을 이해할 수 있었다.

"난 처음 자네를 만났을 때 분명 정리해고를 기다리는 만년차장이었다네. 그게 자네의 미래 모습이기도 했지. 하지만 어느 순간 깨달았다네. 너무나 후회하고 있다는 걸 말일세. 시간을 되돌릴 수 있다면, 젊었을 때로 되돌아가면 이렇게 후회하는 삶을 살지 않을 텐데. 하루하루 그 생각에서 벗어날 수 없었지."

서 차장, 아니 미래의 태봉은 그때를 회상하는 듯 아련한 시선으로 태봉을 바라보았다.

"이 세상에는 믿기지 않는 일들이 많이 일어난다네. 난 시간을 거슬러 자네를 만날 수 있는 기회를 얻게 되었지. 그게 신의 힘이든, 알 수 없는 자연의 신비든 상관없었네. 그만큼 내 후회가, 회한이 깊었던 거지. 나는 단지 과거의 나를 만나 내가 포기했던 성공을 포기하지 않도록 바꾸고 싶었네. 그리고 지금 나는 만족한다네."

"그럼 어디로 가시는 겁니까?"

"다시 내 현실로 돌아가야겠지."

"그럼…."

태봉은 안타까운 듯 말했다. 다시 만년차장인 자신의 미래로 돌아가야 한다는 것이 못내 마음에 걸렸다.

"안타까워할 필요 없네."

서 차장은 미소를 지었다.

"생각보다 인생은 길어. 젊은 날에는 지금 시작해서 뭐하겠나 생각하기 쉽지만 사실 나이 오십이라고 해야 겨우 반환점을 돈 시점이거든. 그러니 여전히 살아갈 날들이 많이 남아 있는 셈이지. 자네와 지내는 시간 동안 나 역시 많은 것을 깨달았네. 예전에 그랬다면 좋았을 텐데, 이제 늦었어, 이런 생각은 하지 않기로 했다네. 난 다시 돌아가서 내 인생을 살겠네. 그 인생에도 또 다른 성공이 분명 존재할 테니까."

"서 차장님!"

태봉은 점점 희미해져가는 서 차장을 잡아보려고 손을 뻗어봤지만 허공뿐이었다.

"내 삶에 대해선 궁금해하지 말게. 어차피 이제 자넨 내가 살아왔던 과거와 다른 삶을 살아갈 테니. 내 삶은 자네의 미래가 아닐 거야."

서 차장의 모습은 사라지고 흔적조차 눈에 보이지 않았다.

"마지막으로 한 가지, 난 아직 맛보지 못했네만 분명 출세의 열매는 달콤할 걸세."

"서 차장님! 서 차장님!"

태봉은 목 놓아 그를 불렀다. 이대로 헤어지기에는 너무나 아쉬웠다.

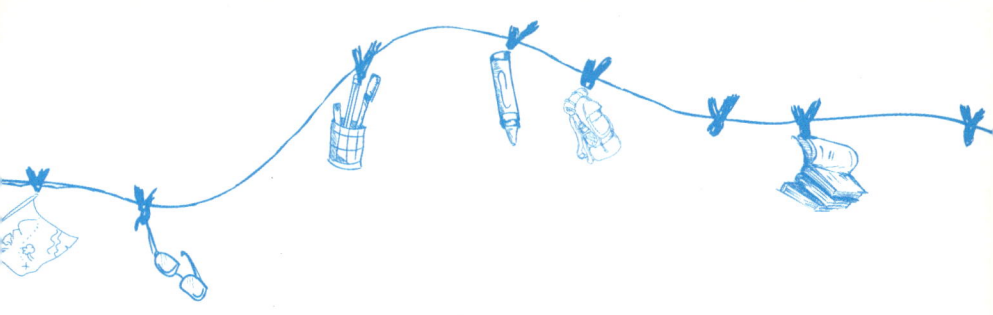

서태봉,
출세를 향해 뛰다

"자기야! 도대체 왜 여기서 이러고 있는 건데?"

아내 한지애의 음성이었다.

"으응?"

태봉은 눈살을 찌푸리며 고개를 들었다. 한지애가 그를 내려다보고 있었다. 태봉은 소스라치게 놀라며 주위를 살펴보았다. 그는 아파트 옥상 한쪽에 쭈그리고 자고 있었다.

"자기, 과장 진급에서 누락됐다고 이렇게 망가지면 나 정말 속상해. 담배 한 대 피우고 오겠다더니 여기 있었던 거야? 당신 친구들도 어제 만난 적이 없다고 해서 혹시나 하고 왔더니 여기서 자고 있으면 어떻게 해!"

한지애는 곧 울음이 터질 것 같았다. 태봉은 얼떨떨한 표정을 지었다.

'그렇다면 설마 그 모든 게…'

꿈일 리 없었다. 이토록 생생한데….

태봉은 얼른 샤워를 마치고 회사로 달려갔다. 그는 자재부로 향했다. 그곳에는 분명 언제 잘릴지 모르는 만년차장이 한 명 있었다. 하지만 그는 태봉이 알고 있는 서 차장이 아니었다.

"내가 서 차장이긴 한데. 자넨 누군가?"

"아, 아닙니다."

태봉은 낯선 서 차장의 물음에 손을 내저으며 얼버무렸다. 허탈했다. 모든 것이 꿈이라면, 그가 알고 있는 성공의 비결인 '실력×알파' 마저도 사실이 아니란 말인가.

그때였다. 서 차장이 책상에 놓여 있는 메모지 한 장을 들여다보더니 고개를 갸우뚱거리며 혼잣말로 중얼거렸다.

"달콤한 열매? 이게 무슨 말이야?"

"거기에 달콤한 열매라고 적혀 있습니까?"

태봉은 다그치듯 서 차장에게 물었다.

"그렇다네. 내가 쓴 건 아닌데, 누가 써놓은 거지?"

"잠깐만 보여주십시오."

태봉은 빼앗듯 서 차장의 손에 들려 있는 메모지를 낚아챘다.

―달콤한 열매―

알파 1 : 한여름 소낙비 퍼붓듯 일에 헌신한다.

알파 2 : 주인처럼 일하면 기회가 온다.

알파 3 : 지나치게 계산적인 사람으로 보이지 마라.

알파 4 : 상사를 칭찬하고 격려한다.

알파 5 : 상사에게 놀랄 만한 감동을 주어라.

알파 6 : 성급하게 굴지 말고 상황에 맞춰 행동하라.

알파 7 : 공감 능력을 키워라.

분명 그의 글씨체였다. 서 차장이 의아한 얼굴로 물었다.

"그게 무슨 뜻인가? 달콤한 열매라니? 무슨 과일이야?"

태봉은 미소를 지으며 말했다.

"출세의 열매는 달콤합니다."

태봉은 벅차오르는 가슴을 안고 걸음을 옮겼다. 이제 그는 이 세상에서 가장 달콤한 열매를 따기 위해 노력할 것이다.

반복, 반복, 또 반복해서.